Carl Friedrich von Nägelsbach

Carl Friedrich von Nägelsbachs Gymnasialpädagogik

Carl Friedrich von Nägelsbach
Carl Friedrich von Nägelsbachs Gymnasialpädagogik
ISBN/EAN: 9783743647206
Hergestellt in Europa, USA, Kanada, Australien, Japan
Cover: Foto ©Paul-Georg Meister /pixelio.de

Weitere Bücher finden Sie auf **www.hansebooks.com**

CARL FRIEDRICH VON NÄGELSBACH'S

GYMNASIALPÄDAGOGIK.

HERAUSGEGEBEN

VON

Dr GEORG AUTENRIETH.

ZWEITE DURCHGESEHENE AUFLAGE, MIT DEM BILDNISS DES
VEREWIGTEN VERFASSERS.

———•+·◦⊙◦·+•———

ERLANGEN,
VERLAG VON ANDREAS DEICHERT.
1869.

Druck von Junge & Sohn in Erlangen.

DEM

K. GYMNASIUM ZU NÜRNBERG

DANKBAR ZUGEEIGNET.

Vorwort zur zweiten Auflage.

Die günstige Aufnahme welche diese Vorlesungen meines Wissens im Allgemeinen gefunden haben war für mich insbesondere darum erfreulich, weil sie zeigte, dass ich die früher gehegten und anerkannten Bedenken nicht mit Unrecht mit dem Gedanken überwunden hatte, dass die Veröffentlichung derselben nicht nur Interesse erwecken, sondern auch Nutzen stiften könnte. — Nachdem nun die erste Auflage fast vergriffen und zu erwägen war, ob und welche Aenderungen an dem Büchlein vorzunehmen sein möchten, stand mir vor Allem fest, dass ein Werk, das im Ganzen aus einem Guss ist und dabei so sehr das Gepräge der ganzen Persönlichkeit des Sprechenden trägt, nicht durch fremde Zuthat in der Totalität seiner Wirkung beeinträchtigt, geschweige denn durch trockene Notizen oder gar Angabe etwaiger Meinungsverschiedenheit des Herausgebers entstellt werden dürfe. Jede Aenderung in der Behandlung des Ganzen war, auch abgesehen davon, dass sie eine Unwahrhaftigkeit enthielte, durch diese Erwägungen ausgeschlossen; im Einzelnen musste dagegen zu sachlicher Berichtigung oder formeller Abrundung hie und da mit leiser Hand geändert werden.

Von Besprechungen in wissenschaftlichen Zeitschriften waren mir bekannt geworden die der Herren W. Schmid im Correspondenzblatt f. d. würtemb. Gymnasien und Realanstalten 1862 N. 2 Februarheft; R. in Klemms pädagog. Archiv 1862 Bd. IV S. 114 f., Dietsch und Breitenbach in Fleckeisens N. Jbb. Bd. 86 S. 231—35, 235—46, Lübker im süddeutschen Schulboten 1862 N. 21 S. 185 f., Dr. S. im Theol. Literaturblatt v. Zimmermann XXXVIII N. 103 S. 1230—33, K. W. in der Darmstädter allg. Schulzeitung XL. 1863 N. 13 und 9. 10, Bonitz in der Zeitschr. f. d. österr. Gymnasien XIII S. 629—36. Ich habe sie mit Dank gegen die Herrn Verfasser gelesen.

Das Namenregister am Ende hatte Herr Prof. Travnicsek am k. kath. Gymnasium in Pest im J. 1867 die Güte mir zu senden und ich trug kein Bedenken es anzufügen.

Eine lebhafte Freude gewährt es mir, dass jetzt das Bildniss des seligen Verfassers das Werkchen ziert. Die geehrte Verlagshandlung ist bereitwilligst auf diesen Wunsch von mir und andern eingegangen und der Meisterhand

VII

des Herrn Barfus in München ist es gelungen nach liebevollem Studium der eingesandten Photographien das ähnlichste Bildniss künstlerisch herzustellen, das überhaupt vom sel. Verfasser erxistirt, da die vorhandenen Photographien erst aus der Zeit der Abnahme stammen und besonders der Ausdruck der schwungvollen Kraft und milden Freundlichkeit darin fehlt, der in den Tagen frischer Gesundheit Nägelsbach eigen war. So ist nun dem geistigen Abbild des theuren Mannes auch das leibliche zugefügt. —

Jn der Zwischenzeit ist die biographische Literatur bereichert worden durch *C. F. Nägelsbachi vita ac disciplina, scr. A. Weidnerus* (mit einem „Livianae emendationis corollarium" herausgegeben bei Teubner 1868). Die Freude eine in guter und im Ganzen pietätsvoller Form geschriebene Biographie des von vielen verehrten Mannes zu erhalten, ist bei Lesern, welche Verhältnisse und die Persönlichkeit näher kennen, leider mehrfach durch auflallende Unrichtigkeiten gestört. Der Biograph nämlich, der die Universität erst im October 1857 bezog, war in seiner persönlichen Kenntniss des von ihm Geschilderten auf den Zeitraum eines Jahres beschränkt, und da er ihm auch da nicht näher stand, und gleichwol es unterliess, die Relicten oder hiesige Freunde des

Verewigten irgend um Aufschluss anzugehen oder auch nur von seinem Vorhaben zu unterrichten, so war er in der Zusammenstellung seines Materials auf vorliegendes Büchlein und sonstige Vorlesungen sowie einige Nekrologe beschränkt und fällte daher über Verhältnisse und Personen hie und da ein schiefes Urtheil. Doch soll hier nicht von der subjectiven Werthung der kritischen Fähigkeiten Nägelsbachs und Döderleins u. ä. die Rede sein; nur factische Berichtigung einiger Angaben auf diesem Wege ist nothwendig, um die Leser jener vita vor Irrthum und den Charakter des Mannes vor falschem Urtheil zu bewahren.

So ist zu S. 4 zu bemerken, dass Nägelsbachs Aufenthalt in Ansbach kaum ein halbes Jahr gedauert hat; S. 14 secundae (?) classis — es war nach damaliger Zählung die erste Gymnasialklasse, in der das Griechische begonnen wurde. Der Bericht über den persönlichen Verkehr N. s mit den jungen Philologen (S. 64) passt höchstens auf die letzten Lebensjahre. Seit Ostern 1856 war N. kränklich; früher hat er einen lebendigen Verkehr mit seinen Schülern privatim gepflogen und es liegen schriftliche Aeusserungen der Dankbarkeit von solchen vor, die seiner väterlichen Privatberathung viel zu verdanken bekennen.

An 'pectoris vel laterum angustiae' war vor 1856 nicht zu denken. S. 72 ist das 'rerum victusque inopia oppressus' kaum für eine kurze Zeit des Nürnberger Lebens einigermassen wahr, für die späteren Verhältnisse entschieden unrichtig. Auf derselben Seite 72 findet sich eine beklagenswerthe Unrichtigkeit. Nach dem Ruhm eines Stoikers hat N. nie gegeizt. Er hatte die Nachricht vom Tode seines Sohnes Ludwig Tags zuvor erhalten und wollte, nach seiner Gewissenhaftigkeit, die Seminarübungen nur darum nicht ausfallen lassen, weil ohnediess eine Unterbrechung durch die Weihnachtsferien bevorstand.

Eine die Wahrheit grob verletzende Art muss es endlich genannt werden, wie S. 40 von baierischen Studierenden und Gymnasien früherer Zeit gesprochen wird. Insbesondere ist absolut unbegreiflich, wie der Herr Conrector von Merseburg, der auf dem baierischen Gymnasium Hof und den baierischen Universitäten Erlangen und München seine Bildung empfangen hat, eine Darstellung zu geben wagt, nach der es scheint, als ob auf den baierischen Gymnasien (vor Nägelsbach's Wirksamkeit) im Grunde baierische Geschichte das Centrum des Unterrichts gebildet hätte. Das ist selbst dann nicht wahr, wenn er unter Baiern im engsten Sinne Altbaiern verstanden hätte, was man auch kaum annehmen kann. Baierische Geschichte erscheint überhaupt erst seit Ende 1852 auf dem Lehrplane, wie Brandenburg-preussische oder sächsische Geschichte anderwärts. — Die notorisch anerkannte Wirksamkeit von Held, Roth, Schäfer, Bombard, Thiersch, Spengel u. a. ist auch nicht ausser Acht zu lassen; an Doederlein hat ein soeben erschienenes treffliches Schriftchen erinnert (Das baierische Gymnasialwesen einst und jetzt. Eine Erinnerung an Doederlein, von einem ehemaligen Schüler desselben. Erlangen bei Besold 1869). Nägelsbach war der letzte, der auf fremde Kosten gelobt sein möchte. —

So viel zu nothgedrungener Berichtigung und Abwehr gegen Uebereilung.

Uebrigens empfehle ich auch gegenwärtige Auflage der Gymnasial-Pädagogik einer wohlwollenden Aufnahme.

Erlangen, Georgi 1869.

D. H.

Vorwort zur ersten Auflage.

Es ist ohne Zweifel für Pädagogen von Interesse, die Ansichten eines Mannes über Erziehung und Unterricht kennen zu lernen, welcher eigentlich seine ganze Thätigkeit der Schule gewidmet hat. Den Freunden und Bekannten v. Nägelsbach's sind die hier veröffentlichten Vorträge jedenfalls willkommen, gewissermassen als das Abbild einer ihnen theuern Persönlichkeit*); dies bezeugt schon der von ihnen geäusserte Wunsch, dieselben ganz im Druck zu besitzen. Dass für die Schüler des Verewigten diese Mittheilung, welche auch von ihnen eine grosse Zahl gewünscht, dankenswerth ist, lässt sich ohne Weiteres voraussetzen. — Aber auch Freunde der

---

*) Lübker [†] gibt einen Ueberblick über das Leben und Wirken seines verewigten Freundes in den von ihm herausgegebenen „Lebensbildern aus dem letztverflossenen Jahrhundert deutscher Wissenschaft und Literatur. Hamburg, Agent. des rauhen Hauses." S. 397—432.

Schule überhaupt, und besonders der klassischen Bildung, werden diese Vorträge nicht ohne Interesse lesen.

Dies Alles forderte eigentlich längst die Veröffentlichung derselben; doch stand dieser längere Zeit das Bedenken entgegen, ob man im Geiste des ebenso bescheidenen als um die Schule verdienten Verfassers handeln würde, wenn man das, was er gleichsam im Vertrauen dem angehenden Schulmann mit auf den Weg gegeben, zum Gemeingut machte, zumal er nicht mehr die letzte Hand daran legen konnte. Er selbst hatte freilich diese Vorträge zunächst gewiss nicht für den Druck bestimmt; allein nachdem Bruchstücke davon doch schon in die Oeffentlichkeit gelangt sind und vielfache Anfragen und Wünsche von competenten Männern geäussert worden waren, konnte man hoffen, dass man — um die Worte eines um die Gymnasialpädagogik verdienten Würtembergischen Rectors zu brauchen — auch die Bausteine zu einem grossen noch lange nicht vollendeten Bau mit Dank aufnehmen werde —, eine Zuversicht, die der Herausgeber schon früher trotz obigem von ihm getheilten Bedenken ausgesprochen hatte. — Allerdings ist es etwas ganz anderes diese Vorträge nun für sich zu lesen, als sie aus dem Munde des verewigten Verfassers gehört zu haben. Denn gerade hier war es am fühlbarsten und sichtbarsten, wie sehr ihm die heilige Sache seines Berufs am Herzen lag. Er sprach ganz frei — die kurzen Notizen seines Heftes waren ihm so gegenwärtig, dass man kaum je seinen Blick auf dieselben fallen sah —; wie es ihm um's Herz war, sprach sein beredter Mund die Gedanken einfach aber eindringlich aus. Er wollte auch nur aus seiner Erfahrung Mittheilungen und Winke geben, weit entfernt, ein System oder eine Theorie der Pädagogik aufzustellen oder auch auf Vollständigkeit Anspruch zu machen. Dies pflegte er in den einleitenden Worten hervorzuheben und darauf hinzuweisen, wie er zu solchen Winken berechtigt sei einerseits als früherer Gymnasiallehrer, dann insofern er in seinem akademischen Beruf die Leistungen und Einrichtungen der verschiedensten Gymnasien theils durch Autopsie, besonders aber an ihren früheren Schülern und durch dieselben kennen gelernt habe. Wie er nun immer auf das Lebendigste für das Gedeihen dieser Schulen sich interessire, so halte er sich auch verpflichtet zur Hebung derselben sein Scherflein beizutragen. —

Zunächst, wenn auch keineswegs ausschliesslich, hatte er freilich die Verhältnisse der baierischen Gymnasien im Auge. Gar Manches, was er als Muster empfahl, hatte er an den Anstalten kennen gelernt, denen Männer wie Held, (und die nun leider auch entschlafenen) Döderlein, Roth vorstanden: wie viel er ihnen auch für die Pädagogik verdanke, hat er in Widmungen und Vorreden seiner Werke öfters dankbar ausgesprochen. Insbesondere am Nürnberger Gymnasium lernte der Herausgeber manche hier empfohlene Einrichtung, die dort seit einigen Decennien im Gebrauch ist, zu seinem Nutzen schon als Schüler kennen und die dankbarste Erinnerung an die in Nürnberg empfangene Bildung hat ihn besonders bei der Redaction der folgenden Blätter begleitet. Wenn darum die darin niedergelegten Erfahrungen zum guten Theil der Thätigkeit des Verfassers an derjenigen Anstalt entstammen, welcher der Herausgeber dieser Vorlesungen die ganze Grundlage seiner Bildung verdankt, so fühlt letzterer sich doppelt veranlasst, gerade bei dieser Gelegenheit dem *Gymnasium Norimbergense* den schuldigen Tribut der Dankbarkeit aus aufrichtigstem Herzen öffentlich abzustatten. Möge diese Stütze klassischer Bildung sich stets des schönsten Gedeihens erfreuen!

Von den folgenden Vorträgen wurden einzelne Partieen im philologischen Seminar mitgetheilt, 1849 und 1853, oder in einer Art von Conversatorium 1851; das Ganze in eigentlichen Vorlesungen gegeben im Sommer 1855 und 1858. Das hinterlassene Manuscript v. Nägelsbach's ist durchaus nicht ausgearbeitet; auf etwa 30 Quartseiten mit breitem Rand finden sich Entwürfe, Dispositionen, kurze Notizen, welche meist nur den zu besprechenden Punkt enthalten. Aus dem Manuscript allein liessen sich daher unmöglich die Vorlesungen herstellen; man musste also zu nachgeschriebenen Heften greifen. Hiezu benützte der Herausgeber seine eigenen Aufzeichnungen aus dem Jahre 1853, 1855; für 1858 stellten ihm die Herren H. Richter, Baumann, Hübsch mit dankenswerther Bereitwilligkeit die ihrigen zur Verfügung.

Welche Vorlesungen sollte man aber abdrucken, die von 1855 oder von 1858? Wenn ein wesentlicher Unterschied zwischen beiden stattfand, wäre die Entscheidung vielleicht schwierig geworden. Dieser Schwierigkeit war der Herausgeber überhoben durch eine Eigenthümlichkeit des Vortragenden selbst. Es ist zum Verwundern, wie sehr im Ganzen Fassung, Ton und Ausdruck besonders bei Urtheilen in den verschiedenen Vorträgen übereinstimmen; es lag dies in der festen Abgeschlossenheit der Nägelsbachschen Ansichten und in dem conservativen Element dieses Charakters. Im Ganzen verhalten sich daher die beiden Vorlesungen zu einander ähnlich wie Varianten desselben Textes; mitunter enthält die eine Punkte, die in der andern fehlen.

Jedenfalls war die Thätigkeit des Herausgebers naturgemäss auf die Redaction des im Manuscript und in den verschiedenen Heften Gegebenen beschränkt, so dass er die hier verzeichneten Ansichten genau und, wenn nicht geradezu überall den Wortlaut, doch den Ton des Ganzen möglichst getreu beibehalten hat. Er kann versichern, dass es ihm die lauterste Freude bereitet hat, diese Vorlesungen, die nicht ihn allein für den heiligen Beruf des Lehrers begeistert haben, einem Publikum zugänglich zu machen, welches Interesse für die Sache und die Persönlichkeit hat und zugleich Einsicht genug besitzt, das Gegebene richtig zu würdigen; denn nur für ein solches sind diese Blätter bestimmt. Mögen sie denn dazu dienen, den gediegenen moralischen und wissenschaftlichen Charakter eines Mannes auf's Neue zur Anschauung zu bringen, der es verdient hat, von allen Schulmännern und Schulfreunden in treuem Andenken behalten zu werden!

Schliesslich danke ich meinem lieben Freund und Collegen Herrn **Sörgel** für seine bereitwillige Unterstützung bei der Correctur.

Erlangen, den 11. November 1861.

D. H.

Inhaltsübersicht.

	Seite
Einleitung	1—16
1. Zweck und Bestimmung der Gymnasien. (Entstehung. Philanthropinismus. Wesen der Bildung.)	1—6
2. Wie vollzieht sich diese Erweiterung des Bewusstseins? (Mittel der Bildung. Sprache. Natur. Geschichte. Religion. Philosophie. — Die Volksschule S. 10. — Aufgabe des Gymnasiums.).	6—12
3. Die verwandten Institute. (Seminare und Alumneen. Privaterziehungsinstitute. Privatunterricht.)	13—16
Erster Abschnitt. Der Lehrer	17—50
4. Allgemeine Eigenschaften des Lehrers. (Körperliche; geistige; intellectuelle.)	17—19
5. Fortsetzung. Sittliche Eigenschaften des Lehrers. (Geduld. Hingebung an den Beruf ohne Eigenliebe; nur dem Beruf zu leben. Studium.)	19—25
6. Bildung des Lehrers. (Specielle Fachbildung.)	25—28

	Seite
7. Der Lehrer im Amte. (Examen.)	28—29
Allgemeine Principien der Didaktik	30—50
8. Leitung der Thätigkeiten der Schüler. (Fragen; Antworten. Präparation; Repetition. Gedächtnissübungen.)	30—38
9. Specielle Thätigkeiten des Gymnasiallehrers. (Behandlung der Schriftsteller. Uebersetzung. Erklärung. Cursorische, statarische Lectüre?)	38—42
10. Correcturen	43—45
11. Hindernisse des Unterrichts. (Schlecht vorbereitete, überfüllte, combinirte Klassen.) .	45—47
12. Förderungsmittel des Unterrichts. (Collegium. Publikum. Prüfungen.)	47—50

Zweiter Abschnitt. Die Disciplin . . . . 51—76

13. Bedeutung und Umfang der Disciplin. (Lehrer und Schüler.)	51—53
14. Princip der Disciplin. (Liebe oder Strenge?)	53—54
15. Die Handhabung oder die Mittel der Disciplin. a) Die Belohnungen. (Ehrenbelohnungen: Plätze, Preise? Locationssystem. Lob. Lernmotive.)	54—61
16. Fortsetzung. b) die Strafen. (Zweck der Strafe. Strafarbeiten. Körperliche Züchtigung. Freiheits- und andere Strafen.)	61—69
17. Ansicht von der Natur der Schüler	69—70
18. Rathschläge für den jungen Lehrer . . .	70—76

Dritter Abschnitt. Didaktik im engeren Sinne 77—165

I. Sprachunterricht.

19. Allgemeines. (Ausdehnung der Quantität und dem Inhalt nach. Ziel desselben.)	77—81

XIX

Seite

Specielle Sprachen.

20. Die **Muttersprache**. (Formal, nicht grammatisch. Sprechen. Lesen. Schreiben. Deutsche Ausarbeitungen. Freie Vorträge. S. 82 bis 91. — Anleitung zur Kenntniss der Schriftsteller. Literaturgeschichte? Privatlectüre. S. 91 bis 93.) . . . . 81—94

21. **Lateinischer** Unterricht: Allgemeines. (Die Eintheilung und Methode. Hamiltons Interlinear- und Jacotot's Lateralversion.) . . . 94—97

22. Grammatik. Erste Stufe: Formenlehre . . 97—101

23. Grammatik. Zweite Stufe: Syntax. (Beispiele: *ut, quin, dubito, quum, dum.*) . . 101—109

24. Grammatischer Unterricht. Dritte Stufe: Sprachvergleichende Stilistik. (Neulateiner?) 109—112

25. Lectüre der Schriftsteller überhaupt — Vorfragen und Allgemeines. — (Chrestomathien? Zweck der Lectüre. Kritik und Exegese z. B. bei Cäsars Uebersetzung) . . . . 112—117

26. Lateinische Prosaiker. I. Historie: Cornelius Nepos. Caesar. Curtius. Livius. Sallustius. II. Reden: Cicero. — Tacitus. III. Philosophie: Cicero. Tacit. Dialog.) . . . . . 118—130

27. Lateinische Poesie. (Epos. Ovid. Virgil. Elegiker? Lyrik: Horaz. — Drama? Horat. Sermones.) 131—136

28. **Griechischer** Unterricht. I. Sprachlicher Theil . . . . 136—141

29. Fortsetzung. II. Die Schriftsteller. Xenophon. Herodot. Demosthenes. Isokrates. Lykurg. Plato. Homer. Euripides. Sophokles.) 142—146

30. **Neuere** Sprachen und **Hebräisch** . . . 147—148

	Seite
31. II. Unterricht in der Geschichte	148—155
32. III. Unterricht in der Mathematik	155—157
33. IV. Unterricht in den Naturwissenschaften	157—160
34. V. Religionsunterricht	160—162
35. VI. Unterricht im Schreiben, Zeichnen, Singen, Turnen	162—165
Anhang: Fachlehrer- oder Klasslehrersystem?	165—166
Schlussworte (1855); Die Heiligkeit des Berufs	167—170
Namensverzeichniss	171—172

Einleitung.

1. Zweck und Bestimmung der Gymnasien.

Vor hundert Jahren hätte man auf die Frage: „was ist ein Gymnasium?" die Antwort erhalten: „Gymnasium ist eine Anstalt, um Latein und etwas Griechisch zu lernen." — Gestiftet wurden die Gymnasien nach der Reformation; die meisten der bedeutenden entstanden durch dieselbe oder gar durch Reformatoren selbst. Damals nun gab es keine Wissenschaft als die auf Erkenntniss des Alterthums gerichtete, und keine Möglichkeit sich zu bilden, als eben durch Griechisch und Latein; die andern Wissenschaften waren noch nicht zugerichtet Lernstoff zu sein. Die Richtung, welche vor zwei- bis dreihundert Jahren herrschte, war utilitarisch im besten Sinne; denn die Richtungen der Bildung und des Bedürfnisses fielen zusammen: man musste lernen, um gewisse Kenntnisse zu haben, ohne welche kein Amt in Kirche und Staat bekleidet werden konnte (cf. Thaulow, Gymnasialpädag. p. 35), oder wie Trotzendorf es geradezu als Ziel seiner Schule aussprach: die Knaben sollen gerüstet werden, darnach in hohen Facultäten zu studiren als in *Theologia, Medicina, Philosophia* und *Jurisprudentia* (vgl. v. Raumer's Gesch. d. Pädagogik

I S. 220). Damals konnte man daher obige Definition des Gymnasiums gelten lassen. Da aber zugleich damals das Christenthum die Lebensverhältnisse inniger durchdrang, so mussten die Gymnasien das mit den deutschen Schulen gemein haben, dass Religionsunterricht in viel zu grosser Ausdehnung, sogar dogmatisch, ertheilt wurde.

So blieb der Zustand dieser Anstalten lange mit ungeheurer Stabilität; damals wechselten nicht alle Lustra die Lehrbücher, wie denn z. B. Melanchthon's Grammatiken noch bis in die Mitte des vorigen Jahrhunderts in vielen Schulen herrschten — auch die Hallische Grammatik ist nur eine kleine Fortbildung derselben gewesen. —

Als aber in den letzten Decennien des vorigen Jahrhunderts, besonders im siebenjährigen Krieg, die Wiedergeburt Deutschlands, zumal in literarischer Beziehung stattfand, da warf man sein Auge wieder auf die Gymnasien, wo der Unterricht meist im Schlendrian erstarrt war. Es stellte sich heraus, dass die Gymnasien hinter der Zeit ausserordentlich zurückgeblieben waren und es erhob sich die allgemeine Stimme gegen die griechische und lateinische Pedanterie, gegen diese „misanthropischen" Anstalten zu Gunsten einer sog. philanthropischen Richtung. Besonders Basedow arbeitete recht eigentlich an einer gänzlichen Verdrängung aller klassischen Studien; das Gymnasium gerieth in eine ganz ausserordentlich üble Stellung, von der wir kaum einen Begriff haben. „*Non scholae discendum sed vitae*" wurde nun die Losung, in dem Sinn, dass man forderte, die Schule solle lehren, was man im künftigen Leben brauchen könne. Da fand sich denn bald, dass man z. B. Ackerbaukunde viel besser brauchen könne als Kenntniss des Cicero — kurz es drängte sich eine utilitarische Richtung ein, die aber nicht mehr unschuldiger Natur war: es wurde jetzt eigentlich Ernst gemacht. Man lernt nun Latein wegen der Pandekten, Griechisch wegen des Neuen Testaments (welches damals allein in vielen Schulen die griechische Lectüre bildete). So wurde auch Diätetik an vielen Anstalten gelehrt und auf Universitäten darüber gelesen. Daher wurden die Gymnasien — mit Ausnahme der sächsischen Fürstenschulen und vielleicht einiger anderer — Zerrbilder des unnatürlichsten Eklekticismus. In der von Heinrich Braun unter der Regierung von Max. III. Joseph für Kurbayern ausgearbeiteten Schulorganisation finden sich neben einander aufgenommen: Latein, Griechisch, Deutsch, Mathematik, Geschichte, Geographie, Naturlehre (Physik, Kosmographie, Mythologie, Archäologie, Heraldik, Numismatik, Diplomatik*) — zugleich wurde aber ein Klassensystem eingeführt d. h. jeder Lehrer musste das Alles lehren: weil man ja diese Wissenschaften von jedem Hofmeister verlange — also ein

―――――

*) [In Brieg wurden am Gymnasium noch unter Rector Scheller (dem Lexikographen, 1772—1803) folgende Fächer gelehrt: Latein, Griechisch, Deutsch, Mathematik, Geschichte, Geographie, Physik, Mythologie, Religion, Bibl. Geschichte, Evangelienerklärung, Französisch, Polnisch, Hebräisch, Philosophie, Naturgeschichte, Technologie, Antiquitäten, Zeichnen, Schreiben, Zeitungslectüre. Vgl. Guthmann Zur Geschichte unseres Gymnas. in s. dritten Jahrh. Brieg, Osterprogr. 1864.)]

Allerweltsdilettantismus, um „für's Leben" zu lernen! Und wie wurde es gelehrt! Der Lehrer las etwa Raff's Naturgeschichte vor oder er dictirte eine botanische Nomenclatur. Die Zeit ist gar nicht ferne, wo auf dem Gymnasium noch Geographie ohne Karten gelehrt und dem Schüler nie z. B. der Lauf eines Hauptflusses gezeigt oder gezeichnet wurde. Item: es wurde Naturgeschichte und Geographie gelehrt! — Mochte man das Latein noch so pedantisch betreiben: es kam doch etwas dabei heraus, und wurden selbst andere Gegenstände darüber vernachlässigt, so war doch eine gewisse Kenntniss des Lateinischen über ganz Deutschland verbreitet, und war es immerhin mechanisch und ohne ratio gelernt: es war doch gelernt und der Mann konnte doch seinen Horaz und Tacitus in reifern Jahren noch mit Vergnügen lesen. — Daher vindicirte sich denn auch das Alterthum selbst wieder seine Rechte und man hörte jetzt den Ruf: das Gymnasium hat den Geist rein formal zu bilden, das praktisch Nützliche braucht gar keine Berücksichtigung! Der Geist, dies war der Sinn, soll zu einem Organ der Erkenntniss geformt, durch die *exercitatio mentis* soll ein *subactum ingenium* erzielt werden. Dies war doch des Menschen würdig, während jene „philantropische" Richtung ihn hauptsächlich als Leib aufgefasst hatte. Der Standpunkt war überwunden, den Präsident Graf Rumford einmal als den seinigen bekannte: er achte am Menschen die Haut, weil er sie bekleiden, und den Magen, weil er ihm zu essen geben könne; das Andere sei ihm gleichgültig. —

Nun kann aber die Kraft des Geistes durch mancherlei Mittel gebildet werden. Unter allen Wissenschaften giebt es vielleicht keine die mehr durchdringenden Verstand erforderte als die Optik. Es ist also mit obiger Forderung formaler Bildung noch gar nicht gesagt, dass man gerade Latein und Griechisch dazu verwenden müsse. — Zweck ist Bildung des Geistes an irgend einem Lehrstoff als Mittel; dies bestimmt sich aber nach dem Zweck und es fragt sich daher, was man denn unter Bildung versteht? Dann können wir uns erst nach den Lehrstoffen umsehen.

Was sagt uns nun die Sprache selbst über das Wesen der Bildung? — Wenn der Grieche dieselbe παιδεία nennt, so bezeichnet er damit ein Zurichten der Knaben, durch welches sie ihrer unmittelbaren Natürlichkeit enthoben werden sollen; es ist also die negative Seite der Bildung aufgefasst: Das Kind soll nicht bleiben was es ist. — Im lateinischen *eruditio* ist die Anschauung ausgeprägt, dass der Knabe gleichsam ein formloser Stoff sei, der Gestalt gewinnen soll; über die Gestalt selbst besagt der Ausdruck *eruditio* nichts; dagegen liegt die nähere Bestimmung in *humanitas*, nach welchem der Begriff der Bildung sich als derjenige Zustand des Menschen darstellt, in welchem er *actu*, der That und Wirklichkeit nach, das ist, was er *potentia*, δυνάμει, der Fähigkeit nach, sein kann. Der Mensch wird zum Menschen erst durch Bildung, deren Wesen und Aeusserungen wir hinwieder an dem des Gegentheils erkennen können. Der Ungebildete weiss nur von sich und seiner nächsten Umgebung und hat auch kein Bedürfniss, etwas weiter zu wissen;

er ist ein harmloser, aber ein ungeheuerer Egoist; wir nennen dies oft Beschränktheit (nämlich auf sich selbst). Ein solcher Mensch weiss, dass er ist, aber er hat keine Ahnung von seinem Zusammenhang mit dem Ganzen; er ist sich selbst factisch das Centrum aller Dinge.

Die Bildung dagegen lässt den Menschen keinen Einzelnen bleiben, sondern erweitert das Bewusstsein des Einzelnen von sich zum Bewusstsein dessen, was des ganzen Geschlechtes ist, sie befreit und erhebt ihn dadurch zum wahren Selbstbewusstsein, indem er sich in der Gattung und die Gattung in sich wieder erkennt. Sie entspringt aus der Kenntniss des allgemein Menschlichen, aus Aneignung der Errungenschaften des Geschlechts. Somit können wir sagen: Bildung ist Erweiterung des individuellen Bewusstseins zum allgemeinen.

2. Wie vollzieht sich diese Erweiterung des Bewusstseins?

Die Antwort lautet kurz: dadurch, dass der Mensch sich dasjenige aneignet, was ihm die Grundverhältnisse bieten, in welchen er sich als Mensch befindet. (Grundverhältniss ist ein in dem Menschen von Gott *ipsa condicione nascendi* gesetztes, kein willkürliches). Das erste Grundverhältniss nun ist das zum Menschengeist an sich; dieser ist doch gewiss dem Menschen das allernächste: wie er aber an sich etwas Unsichtbares ist und zu seiner Offenbarung eines leiblichen Mediums, eines Minimum von Materie, bedarf, nämlich der Sprache: so stellt er sich in ihr am reinsten und anschaulichsten dar. Doch ist nicht blos die Sprache an sich, als flüchtiger Hauch, hier gemeint, sondern auch ihre Producte, worinnen sie ihr schönstes und edelstes Leben lebt. — Der Menschengeist steht aber auch im Verhältniss zur Welt ausser ihm und diese zerfällt in das Naturreich und das Gebiet der Geschichte; seine höchste Beziehung aber ist die zu Gott. —

Somit ergeben sich als Mittel, welche die obige Erweiterung des individuellen Bewusstseins zum allgemein menschlichen ermöglichen: Unterricht in der **Sprache** und ihren **Producten**, **Kenntniss der Natur und Geschichte**, **Religion**.

Aber bei diesen allgemeinen Bestimmungen dürfen wir nicht stehen bleiben, sondern müssen eine Auswahl aus dem hieraus sich ergebenden Stoffe treffen, wenn wir nicht einem unpraktischen Idealismus verfallen wollen. Ganz mit Recht bezeichnet **Heiland** (über die Reform des Gymnasialunterrichts p. 15) „als den sichersten Weg das Aufkommen aller genialen Naturen unmöglich zu machen **die Vielseitigkeit der Bildungsstoffe in den höheren Schulen**". Eine Dressur zu allerlei ist möglich; aber eine wirkliche Bildung wird durch dies Vielerlei geradezu unmöglich gemacht, weil der jugendliche Geist sich durchaus nicht in einem ungeheuren Material zurechtfinden kann. Darum bedürfen wir einer Auswahl nach einem bestimmten Princip. Ich möchte kein anderes als folgendes vertreten: Zu lernen ist, was den Geist am meisten bedingt; nicht, was er am meisten in sich aufnehmen, nicht was ihm unter Umständen recht gut sein, nicht was ihm eine angenehme Erkenntniss bieten kann.

Zunächst ist der Menschengeist bedingt durch den religiösen Glauben. Der Mensch wird so oder so, je nachdem er religiös angethan ist. Darum bedarf das Gymnasium vor allem des Religionsunterrichtes, und hierin liegt der Hauptunterschied zwischen dem christlichen und heidnischen Jugendunterricht; denn einen heidnischen Religionsunterricht giebt es nicht. — Wenn aber die Geschäfte des Geistes gar nicht verstanden werden können ohne das Medium der Sprache, so ergiebt sich von selbst die Nothwendigkeit des Sprachunterrichtes. Ferner ist der Geist des Individuums bedingt durch die Vergangenheit, nicht durch die Gegenwart allein, deren ganze Fülle er nicht in sich aufzunehmen vermag. Seitdem der Begriff organischer Entwicklung die deutsche Wissenschaft neugeboren hat, muss Jedermann zugestehen, dass die Vergangenheit am mächtigsten auf den Geist einwirkt. So ergiebt sich die Nothwendigkeit des Geschichtsunterrichts. Insofern aber das den Geist bestimmende verschieden sein muss von dessen jeweiliger Gestaltung, wenn er nicht doch nur bei sich selbst stehen bleiben soll, müssen wir das linguistische Element bestimmt werden lassen durch das historische; mit andern Worten: wir dürfen durchaus nicht wähnen, dass ein Lernen der modernen Sprachen allein schon die nöthige sprachliche Bildung gewährt; denn diese sehen sich alle gleich; wir bedürfen daher anders gearteter Sprachen und wählen darum nicht beliebige aus, sondern die welthistorischen Sprachen, diejenigen, welche auf die sprachliche Entwicklung des

Menschengeistes am entschiedensten und fruchtbarsten eingewirkt haben, die lateinische und griechische.

Ein zweites Kriterium bei der Auswahl der Bildungsstoffe aber muss das sein, dass dieselben eine dem Alter angemessene Productivität gestatten; die Bildungsmittel müssen dem Geist auch auf einer niedrigeren Stufe handlich sein, er muss sich dabei selbstthätig bewegen können. Bei dem historischen Stoff aber verhält sich der Geist des *adolescentulus* mehr receptiv; er sammelt für künftige Jahre und kann nicht sofort damit arbeiten. Nun ist es aber einer der herrlichsten Vorzüge, welche das Sprachstudium für den Menschengeist hat, dass es diesen auch schon im Knabenalter zugleich receptiv und productiv sein lässt.

Aber, wird man einwenden, der Menschengeist ist doch erkennender Geist und gerade indem er erkennt ist er Geist; darum ist Erkenntniss des Geistes einer besonderen Pflege bedürftig: muss also nicht auch der Philosophie eine Stelle im Lehrplan des Gymnasiums eingeräumt werden? — Ich sage Nein; Philosophie ist undenkbar ohne das Wissen vom Wissen; ohne dass man das Erkennen selbst zum Gegenstand der Erkenntniss macht. Dies kann man aber dem jugendlichen Geist, der an das Denken und Wissen sich erst gewöhnen muss, nicht sofort als Object vorlegen: Philosophie im systematischen Sinn ist durchaus kein Gegenstand der Gymnasialbildung, auch nicht insoferne als sie in die Tiefe der Dinge und auf die letzten Gründe eingeht; denn wo es Viel praktisch zu erlernen gilt, muss man sich mit einer relativen Begründung begnügen. Gleichwol ist es wahr, dass die Erkenntniss als solche gebildet werden muss; dies muss jedoch an einem Gegenstand geschehen, bei welchem das Wie des Erkennens, nicht das Was die Hauptsache ist. Dies ist bei der Mathematik der Fall. Wir lernen z. B. den pythagoreischen Lehrsatz nicht, um ihn praktisch auszuüben: nur die Art wie wir zur Einsicht in die Lehre kommen geht uns an. Nicht ohne guten Grund verlangte Plato: $\mu\eta\delta\varepsilon\grave{\iota}\varsigma\ \grave{\alpha}\gamma\varepsilon\omega\mu\acute{\varepsilon}\tau\varrho\eta\tau o\varsigma\ \varepsilon\grave{\iota}\sigma\acute{\iota}\tau\omega$.

Somit hätten wir Religionslehre, Geschichte, alte Sprachen, Mathematik als Unterrichtsgegenstände für den Kreis des Gymnasiums gewonnen: über die Naturwissenschaften später. —

. Bevor wir fortfahren ist noch die Frage zu beantworten: Sollte wirklich nur der Geist desjenigen gebildet sein, der im Stande ist das Gymnasium durchzumachen? oder: wie verhält sich die Volksschule zum Gymnasium? — Sie hat dieselben Bildungsstoffe wie das Gymnasium; nur quantitativ verschieden. Sie hat die Religion, in welcher sie eine relativ erschöpfende Vertiefung in den Katechismus anstrebt. Sie hat auch die Sprache. Hier scheint der Unterschied ausserordentlich, ist es in gewisser Beziehung auch. Aber wenn ein Kind Lesen und Schreiben gelernt hat, so besitzt es eine feste Grundlage für sprachliche Bildung. Zwischen einem Menschen, der lesen kann und einem, der es nicht kann, ist der Unterschied, dass der erstere das Wort nicht mehr als einen unartikulirten Laut betrachtet, da er ja dasselbe in seine Elemente zerlegen kann; dem letzteren dagegen ist jeder Laut ein unartikulirter. Dasjenige Volk, von welchem man sagen kann, dass jeder ihm Angehörige wirklich lesen und schreiben kann, ist das gebildetste; dagegen sind die Bestrebungen derjenigen thöricht, welche die Volksschule mit allem Möglichen vollpfropfen wollen. Was Geschichte betrifft, so darf freilich Weltgeschichte in der Volksschule nicht gelehrt werden, noch weniger darf man die blosen Namen und Regierungsjahre der Landesfürsten lernen lassen. Hier ist die biblische Geschichte *instar omnium* zu lehren; denn es kommen dabei auch Data der Profangeschichte vor; sie enthält die wichtigsten Thatsachen des menschlichen Geschlechtes und es ist Quellenforschung dabei möglich, da ja die Quelle in jedes Schülers Händen sich befindet. Aus diesen Anfängen kann ein historisches Interesse sich weiterhin entwickeln, so dass man sich auch um Vaterlandsgeschichte bekümmern kann. Was endlich die Mathematik für's Gymnasium, das ist das Rechnen für die Volksschule. Summa: von einer Aristokratie des Wissens im schlechten Sinne — dass nämlich gewisse Zweige des Wissens nur éinem Stande zugänglich wären — kann gar nicht die Rede sein.

Doch zurück. Nachdem von der intellectuellen Bildung die Rede war, ist zunächst auch die moralische zu berücksichtigen. Der Mensch steht auch in einem sittlichen Verhältnisse zur Welt und es fragt sich daher, ob der Mensch, wenn er wissen soll was des Geschlechtes ist, etwa mit seinem Willen auf sich beschränkt bleiben darf? Gewiss nicht, ja noch weniger. Der geistig Rohe weiss nur sich, der sittlich Rohe will nur sich. Der Mensch darf aber kein αὐτόβουλος bleiben. Zwar wirkt nun gegen diesen rein selbstischen Willen schon der Familiengeist ein, allein dieser zieht das Kind unbewusst, er tritt ihm nicht als etwas fremdes gegenüber, sondern ist vielmehr dessen eigenes Element; der Gehorsam, obwol nicht angeboren, ist hier durch Gewöhnung unterstützt. Erst in der Schule tritt ihm ein fremder Wille gegenüber in der Gestalt des allgemeinen alle umschliessenden Gesetzes. Dies hat aber seine Verwirklichung in seinen Organen, hier den Lehrern. Der Gehorsam ist jedoch erleichtert durch die Gemeinsamkeit des Gehorchens. So bildet sich die Schule in Gesetz, Organen des Gesetzes, mitgehorchenden Gleichen zum Staate der Jugend. Nachdem wir so das Erforderniss der Zucht ausser dem des Unterrichts gewonnen, können wir die **Erziehung** als Einheit der Zucht und des Unterrichts definiren. Dies sind keine Gegensätze, und darum ist es ein falscher Sprachgebrauch, wenn man sagt, die Schule solle nicht nur unterrichten, sondern auch erziehen. **Die Aufgabe des Gymnasiums** ist daher: seine Schüler durch geistige und sittliche Bildung zu erziehen, indem es zwischen ihnen und den geistigen und sittlichen Gütern der Menschheit, insbesondere der Vergangenheit, vermittelt, nicht zwischen ihnen und ihrer Sonderstellung im Leben. Mit andern Worten: das Gymnasium hat Menschen zu bilden, nicht Juristen, nicht Philologen, nicht Mathematiker u. s. w.

Die Wirklichkeit beschränkt freilich dies Ideal; aber das Postulat an den gebildeten Geist bleibt: in dieser Vermittelung fortwährend zuzunehmen; der Mensch soll Mensch bleiben auch in der Sonderstellung des Lebens, dem Gymnasium fällt nur der Anfang zu. Auch die Art wie das Gymnasium jene Bildung vermittelt bestimmt sich dahin: es vermittelt durch Wissen, nicht durch Gelehrsamkeit oder Philosophie; durch gleichmässige Pflege einer angemessenen Productivität und Receptivität; das Können muss mit dem Kennen in's Gleichgewicht gesetzt werden: es vermittelt ferner durch Sitte, nicht durch conventionelle Bildung, indem es *ingenuum pudorem et modestiam* in seine Schüler pflanzt.

3. Die verwandten Institute.

Vor etwa vierzig Jahren entstand eine Bewegung in der Schulwelt: Die Gymnasien leisten Nichts, hiess es, man muss andere Anstalten daneben oder dagegen gründen. So entstanden die sog. **Seminare, Alumneen**, oder auch wohl „Institute" schlechtweg genannt, besonders zur Unterbringung und Beaufsichtigung auswärtiger Schüler. Allein solche Anstalten verkümmern die Freiheit um der Ordnung willen und sie können auch nicht anders; denn so wie dreissig oder vierzig junge Leute beisammen leben, muss Casernenzucht eintreten. Dies ist aber für das junge Gemüth kein natürlicher Zustand. Man kann nicht den ganzen Tag angespornt und immer nur fremdem Willen unterworfen sein; man muss auch zuweilen seinen eigenen Willen haben dürfen, so weit er sich in der Familie geltend machen kann; denn sonst ist das Kind um die Gelegenheit gebracht, das Gute auch freiwillig zu thun. Aber auf Commando essen, schlafen, arbeiten ist eben so unnatürlich als es andererseits dort nicht zu umgehen ist. Nur durch ausserordentliche Weisheit und Liebe der Vorsteher kann dabei etwas Gutes erzielt werden. Etwas anderes ist es bei Instituten, die schon Jahrhunderte lang bestehen, wo die klösterliche Zucht dem ganzen Lande nichts fremdes mehr ist und der Zögling sie nicht als Unnatur empfindet. Nur so haben die würtembergischen niedern Seminare und die sächsischen Fürstenschulen etwas Tüchtiges leisten können; und gar nicht unwesentlich ist es, dass in solche Anstalten gewissermassen nur die Elite der Elite aufgenommen wird. Auch hat die Regierung dabei das Verdienst, tüchtige Lehrer zu bestellen.

Von Privat-Erziehungsinstituten erwartete man damals auch das Heil Deutschlands; indess liess sich ziemlich voraussagen, dass dieselben nicht lange bestehen würden. Denn abgesehen von äussern Hindernissen leiden dieselben an einem innern Widerspruch: sie vermengen die beiden höchsten Erziehungsautoritäten, indem sie Familie und Gymnasium zugleich sein wollen. Eine Familie besteht nie aus 50 — 100 Köpfen; der quantitative Unterschied bedingt hier auch einen höchst wesentlichen qualitativen. Man sah sich auch hier genöthigt anstatt des Familienlebens, das man zu ersetzen versprochen hatte, Klosterzucht eintreten zu lassen. Ueberdiess waren die Preise sehr hoch, daher die Eltern etwas Ausserordentliches, die vernünftigeren wenigstens etwas Besseres als im Gymnasium erwarteten. Dazu kam, dass man junge unerfahrene und ungeübte Lehrer bestellte, die noch dazu oft wechselten. Dann sollten aber öffentliche Prüfungen den Ausweis der grossen Leistungen geben und die nächste Folge war eine innerlich lügenhafte Dressur auf das Examen. In Verbindung damit stand dann auch eine sich breit machende verderbliche Methodenjägerei; wie wenn man forderte, der klassische Unterricht müsse mit dem Griechischen begonnen werden u. dgl. Ein Correctiv gegen die Nachtheile solcher Anstalten liegt in der Beschränkung der Zahl der Zöglinge.

Der reine Privatunterricht innerhalb der Familie endlich, durch Hofmeister u. dgl., ist der schlechteste von allen Arten des Unterrichts und wenn hierin eine Gesetzgebung möglich wäre, sollte man ihn geradezu verbieten; selbst die Prinzen des königlichen Hauses sollten die Gymnasialerziehung erhalten. Jener Unterricht beraubt den Knaben zuvörderst, was seine sittliche Gewöhnung betrifft, der imposanten Wirkung des für ihn grossartigen Schulorganismus, eines Staatslebens im Kleinen. Haus und Bildungsanstalt mischt sich bei ihm gerade entgegengesetzt wie bei dem Zögling einer Privaterziehungsanstalt, es fehlt die Zucht eines für Viele gegebenen Gesetzes, die Pflege eines guten Gemeingeistes. Und doch ist nichts sittlich bildender als gehoben und getragen zu sein von dem Geist einer Klasse, wenn er anders gut ist; dies ist das eigentliche Kleinod des Gymnasiallebens. Dagegen der blose Privatunterricht pflegt, wenn auch nicht absichtlich, den Egoismus: der Knabe weiss eben nur von sich und insbesondere wird dabei die Gewöhnung sich neidlos von Tüchtigeren übertroffen zu sehen ganz aufgehoben. Aber auch im Unterricht wird hier nicht so viel geleistet als in öffentlichen Anstalten. Es ist eine

Thorheit von einem noch so gescheiten Hofmeister zu fordern, was eine ganze Anstalt leistet, bei der man doch im schlimmsten Fall einige tüchtige Lehrer hat. Ein Mikrokosmos in einer Person ist eben unmöglich; heilsam ist vielmehr der Wechsel mehrerer aufeinander folgender Lehrer, und besonders der unbequeme Lehrer, dessen Persönlichkeit dem Schüler nicht ohne Weiteres zusagt; ὁ μὴ δαρεὶς ἄνϑρωπος οὐ παιδεύεται. Man wendet freilich ein: der Lehrer einer Anstalt könne nicht jeden so genau übersehen, aber man vergisst das allergrösste Unglück des Privatunterrichts, dass nämlich immer nur an Einen hindocirt wird den ganzen langen Tag. Wer kann immer productiv oder immer receptiv sein? Der arme Knabe hat das Feuer seines Lehrers immer allein auszuhalten und wenn dabei nichts herauskommt, wie gewöhnlich, so geht der Hofmeister noch schärfer zu Werk und der Schüler wird immer mehr abgestumpft. Sollen diese Folgen einigermassen vermieden werden, so müssen noch andere Kinder, auch gratis, am Unterrichte theilnehmen; denn der Umgang mit andern Kindern ist unerlässlich; wehe dem Lehrer, der sich zum Spielkameraden seines Schülers macht!

Wenn sich nun aber kein Unterricht ohne Zucht denken lässt, und der rechte Unterricht und die rechte Zucht auch die rechte Persönlichkeit des Lehrers voraussetzt, so haben wir zunächst mit der Bildung und den Eigenschaften des Lehrers uns zu beschäftigen damit kommen wir zur eigentlichen Gymnasialpädagogik.

Erster Abschnitt.

Der Lehrer.

4. Allgemeine Eigenschaften des Lehrers.

Das Lehramt zunächst angesehen ist Amt des Unterrichts; zum Unterrichten sind aber körperliche und geistige Eigenschaften nöthig. Ein Lehrer bedarf natürlich der entsprechenden Gesundheit und insbesondere einer guten Brust; doch braucht die Gesundheit nicht absolut vollkommen zu sein; Gablers körperliche Schwäche hat uns nur mit noch mehr Ehrfurcht erfüllt. Zu warnen ist aber vor übertriebener Zärtlichkeit gegen sich selbst im Lehramt; mit Recht wird ein solcher Lehrer verachtet, der gegen den „Madensack" so überaus zärtlich ist und solchen Egoismus verräth. Dagegen schadet andrerseits eine körperliche Entstellung durchaus Nichts, wenn die sittliche Persönlichkeit eine recht würdige ist: *ubi animi bona praevalent, corporis mala nihil nocent.* Nur wer an den Sprachwerkzeugen unheilbar leidet, sollte es nicht wagen Lehrer zu werden.

Was die geistigen Eigenschaften betrifft, so muss der Lehrer in intellectueller Beziehung ein wissenschaftlich gebildeter Mann sein, also im Allgemeinen die Fähigkeit haben, etwas Wissenschaftliches wissenschaftlich aufzufassen. Insbesondere muss er Receptivität in hohem Grade besitzen; productiv braucht er nicht in gleichem Grade zu sein; denn seine Aufgabe ist nicht, die Welt mit neuen Ideen zu bewegen. Dagegen ist ein *tardum ingenium* in grosser Gefahr von seinen Schülern übersehen zu werden und dann in wissenschaftlichen Dingen zu Machtsprüchen seine Zuflucht nehmen zu müssen, oder er überschätzt leicht die Leistungen der Schüler. — Neben der Leichtigkeit der Auffassung muss aber der Lehrer auch die rechte Tiefe haben, die freilich nicht in Uebergründlichkeit ausarten und überall Schwierigkeiten sehen darf, eine Mühseligkeit die *nodum in scirpo quaerit;* denn solche Lehrer können sich und den Schülern zur Pein werden. Glänzende Gaben sind dem Lehrer nicht eben vonnöthen; insbesondere nicht blendender Witz. Die Versuchung zur Selbstüberschätzung und zur Unterschätzung der Schüler liegt hier zu nah und führt zur Ungeduld und zur Unzufriedenheit. Bei glänzenden Gaben ist das entsprechende Gegengewicht von sittlichen Eigenschaften in hohem Grade vonnöthen; je begabter ein Lehrer ist, desto demüthiger muss er sein, wenn er nicht schaden soll. Mit der Leichtigkeit und Tiefe der Auffassung muss sich aber auch die Leichtigkeit der Mittheilung verbinden; darin besteht die rechte Productivität des Lehrers; diese ist freilich nicht ohne Klarheit und geordnetes Denken möglich: der Lehrer darf kein confuser Kopf sein. Dieser Mangel ist hauptsächlich schuld, dass die Classiker oft mit so wenig Genuss gelesen werden. Der

Lehrer muss ferner auch **Phantasie**, etwas Poetisches in der Auffassung der Dinge besitzen, er darf nicht Alles durch Reflexion, Schlüsse, Demonstration gewinnen wollen: er darf kein trockener Kopf sein. Neben Klarheit und Phantasie muss der Lehrer aber auch **Geschmack**, ein Urtheil über Passend und Unpassend haben; dessen Kennzeichen ist: Einfalt im Auffassen und Mittheilen. Besonders ist Affectation und Effecthascherei zu meiden, denn diese fühlt der Schüler in der ersten Viertelstunde heraus und der Lehrer ist ihm dann ein Gegenstand der Lächerlichkeit. So berührt sich das intellectuelle Gebiet sehr nahe mit dem sittlichen.

5. Fortsetzung. Sittliche Eigenschaften des Lehrers.

Die Deduction der sittlichen Eigenschaften, deren der Lehrer nicht minder als der übrigen bedarf, ist leicht; wir dürfen nur das Lehramt auffassen als Dienst der Liebe an der Jugend, an der *spes patriae*, wie sie von Alters her mit einem vielsagenden Worte genannt worden ist; ein Dienst also zum Heile des Vaterlands. Die rechte Liebe setzt nun aber als Quelle voraus die rechte Gottes- und Christusliebe, die einzig zureichende vollständige Begründung der Nächstenliebe. Sie bethätigt sich zunächst in der rechten **Geduld**, und zwar insbesondre gegen gutwillige aber geistig schwache Schüler; man soll das geknickte Rohr nicht vollends zerstossen. Darum ist Kriterium eines Gymnasiums was an den Schwachen geschehen ist; denn was helle und gute Köpfe leisten, ist weniger Verdienst des Gymnasiums; ebenso wenig ist es ein Verdienst, wenn man mit Fortjagen freigebig ist. Es ist freilich eine harte Probe, auf welche die Geduld gesetzt wird von der Bosheit, Schlechtigkeit, Faulheit, vom Leichtsinn, bei dem kein Wort zu haften scheint. Aber wie die Geduld nicht in schwache Nachsicht ausarten darf, sondern sich oft auch in Strenge verwandeln muss, so ist doch erst der für das Ganze schädliche Schüler mit Entfernung zu strafen. — Der Lehrer muss überhaupt ganz frei sein von dem Streben das Seine zu suchen. Daraus ergeben sich wichtige Folgerungen. Er darf im Amte nämlich weder blos eine äussere Versorgung suchen, während er sich eigentlich zu gut dazu dünkt — und Unberufene, die eben nicht wissen was sie sonst wollen, suchen am ersten im Schulamt eine schnelle Versorgung — noch auch seine Ehre. Leute der letzteren Gattung scheiden sich in zwei Klassen; die einen gehen vor ihren Schülern stolz einher, um bewundert zu werden und den ungeheuren Abstand zwischen diesen und sich recht bemerklich zu machen: diese befriedigen ihren Hochmuth auf Kosten der Schüler. Nichts stösst so sehr ab, als wenn der grosse Mann seine Grösse bemerklich macht. Andere, und deren sind viel mehr, fehlen durch Eitelkeit und Selbstbespiegelung vor den Schülern, sie schwatzen viel von sich und mischen ihre Person in den Unterricht; das thun besonders solche, denen es an Autorität gebricht. — Endlich darf der Lehrer auch nicht seine Bequemlichkeit suchen z. B. durch Unterlassung von Correcturen. Wie kann er sonst aufmerksame und fleissige Fertigung der Arbeiten fordern? Diese Art von Selbstsucht hat eine ausserordentliche Gefahr. Dahin gehört auch geistreiches Theoretisiren zur Beschönigung der eigenen Trägheit.

Die rechte Liebe zeigt sich dagegen in dem Bestreben sich die rechte Willensstärke anzueignen. Es ist ein grosser Irrthum, zu meinen, der Lehrer habe sich vor Allem mit der Intelligenz seiner Schüler zu befassen; das Erste ist der Wille des Schülers. Denn „Aufmerken ist Lernen"; dazu gehört aber, dass man aufmerken wollen kann. Auf den Willen wirkt jedoch nur ein starker Wille: *praeceptoris est valde velle;* — dagegen ein Lehrer ohne Willenskraft ist ein tönend Erz. Zur Erlangung derselben ist es aber nöthig, dass der Wille ein sittlicher ist, der in engster Verbindung steht mit den ewigen heiligen Gesetzen Gottes, mit den *νόμοι ἄγραφοι*; nicht ein blos forcirter Wille, der nur Product des Augenblicks vielleicht der Laune ist; auch kein egoistischer, eigensinnig pedantischer, der nur seine Richtung will, für den es keine Autorität gibt. Der Wille erstarkt durch die Ueberzeugung, dass das Lehramt ein Gottesdienst ist. —

Darum muss dem Lehrer die Schule das höchste Interesse sein, für sie muss er sein ganzes Leben arbeiten, mit Ausschluss aller edlen und zumal aller unedlen Nebenbeschäftigungen. Zu jenen gehört das Studium von Nebenfächern wie Astronomie, Chemie, Physik, specielles Studium der deutschen und englischen Literatur, Sanskrit u. dgl., oder dass man sich wohlthätigen Zwecken widmet, derartigen Vereinen vorsteht, was freilich zuweilen unvermeidlich wird, aber dann muss man auf seiner Hut sein. Denn wollte ein solcher Lehrer erwiedern, für seine Schule könne er doch genug, so ist das ein wahres Blendwerk des Teufels; ein solcher ist an den weisen Spruch des Juvenal zu erinnern: *pectora nostra duus non admittentia curas;* denn wenn die Liebe bei einem andern Stoff ist, so behält der nicht mit Liebe und Interesse mitgetheilte Lehrgegenstand sein stoffartiges Wesen, anstatt dass er vom Lehrer beseelt wird und die Schüler für ihn Interesse gewinnen. Dies ist aber insbesondere beim elementaren Lehrstoff vonnöthen. Findet sich also bei einem Gymnasiallehrer ein besonderer Hang z. B. zu Naturwissenschaften, so studire er sie, um durch ein Examen an eine technische Anstalt überzugehen; aber sich vom Amte nähren zu lassen und etwas anderes zu betreiben, ist eine Schlechtigkeit. —

Aber auch unedle Nebenbeschäftigungen gibt es, die natürlich noch gewissenhafter zu meiden sind. Dahin gehört die Sucht Geld zu verdienen, um viel zu haben, während doch für den Lehrer die eingezogenste Häuslichkeit strengste Pflicht ist. Noch weit unedler ist es wenn derselbe Zeit, Kraft und Gedanken darauf vergeudet *maitre de plaisir* zu sein, eine Gefahr, die besonders in kleinen Städten nahe liegt. Der Lehrer soll zwar um Alles in der Welt nicht wie ein Einsiedler leben — denn dadurch lernt er die menschliche Natur missverstehen, wird Egoist und verliert das heitere Gemüth — aber ebensowenig sich in Salons als *arbiter elegantiarum* bewegen. Edle, gute, wo möglich geistreiche Gesellschaft ist der ihm zugewiesene Kreis; dabei bleibt das Herz immer frisch und jung, besonders wenn er das Glück hat Universitätsfreundschaften fortpflegen zu können; dadurch entgeht er der traurigen Nothwendigkeit, ausser der Familie nur auf der Bierbank und beim Kartenspiel seine Erholung zu suchen; denn dies ziemt dem Lehrer nicht.

Geboten ist dagegen zur Stärkung des Willens zunächst ein Studium auch für die Klassgegenstände, selbst für die Elemente, wo zwar nicht das Was, wohl aber das Wie des Unterrichts, die Methode, einer natürlich nicht ängstlichen Vorbereitung bedarf. Der Reiz des Gegenstandes, wenn z. B. der Knabe *mensa* decliniren lernt, kann auf diesen nicht wirken, darum erfordert es die grosse und bedeutende Kunst ihn durch die Art des Unterrichts zu fesseln — desshalb finden sich wirklich vorzügliche Elementarlehrer weit seltener als gute Lehrer oberer Klassen. Freilich muss der Lehrer, um dies leisten zu können, selbst in der Wissenschaft leben; er muss das Kleine, das er lehrt, schon in Bezug setzen zu dem Bedeutenderen, das er weiss. Der Grammatiker von Fach wird gewiss besseren Elementarunterricht geben als der blose Empiriker, der etwa den Anfängern sagt, alle Verba müsse er im Lateinischen an das Ende des Satzes stellen u. dgl. Man darf durchaus nicht glauben, dass die Unterlassung des allgemeinen Studiums gesühnt werde durch eine recht gewissenhafte Vorbereitung auf die speciellen Unterrichtsgegenstände; denn ohne jenes wird der Lehrer erstlich das Wesentliche vom Unwesentlichen gar nicht unterscheiden können, und wer am wenigsten z. B.

von der Moduslehre weiss, wird am meisten Worte über ἄν machen; man muss z. B. um die erste Ode des Horaz erklären zu können, die Horazische Lyrik, die Gruppirung, die Zeichnung verstehen, nicht an das *sunt quos juvat* sich hängen; besonders den Homer kann man durch solche Geistlosigkeit furchtbar misshandeln. Er wird aber zweitens ohne allgemeines Studium der Originalität und Ursprünglichkeit entbehren und der Schüler merkt gar bald, ob seine Mittheilungen durch mechanisches Studium zusammengeborgt oder durch Autopsie gewonnen sind. Auch wird sein Unterricht alle Manigfaltigkeit vermissen lassen, weil er nur ein eingeschrumpftes, nicht ein lebendiges Wissen besitzt und z. B. in der Syntax etliche zwanzig Sätze allemal ohne neue Färbung vorbringt. Endlich fehlt auch bei solchem Unterricht die sittliche Wahrheit; es ist eine unlautere Gesinnung, wenn man lehren will, was man ein paar Stunden zuvor selbst erst gelernt hat.

Kurz, der Lehrer muss ein Gelehrter sein und darnach streben den bedeutendsten Männern wenigstens in ihrem Willen gleichzukommen; mag er auch im Wissen hinter ihnen zurückstehen; wir wissen, dass gelehrte Männer ihre Resultate nicht ohne starken Willen und Eifer erreicht haben. Und wie soll der Schüler lernen, wenn der Lehrer ihm nicht das Beispiel gibt? Es klingt höchst lächerlich, wenn er der Pflicht des Studiums sich etwa mit der Ausrede glaubt entziehen zu können: er sei nur ein praktischer Schulmann. Nein; ein Ignorant ist er dann. *Knowledge is power:* Gelehrsamkeit ist zugleich eine sittliche Macht; es müssten sehr indolente Schüler sein, auf welche dieselbe nicht ihre Wirkung äusserte. Darum muss sich der Lehrer um allgemeine und um Fachbildung ernstlich bemühen.

6. Bildung des Lehrers.

Der Lehrer hat studirt und muss den gelehrten Stand vorzugsweise repräsentiren. Damit ist für seine allgemeine Bildung eigentlich Alles gesagt. Er muss vor Allem Mensch sein. Indem er auf Menschen der verschiedensten Art auf die verschiedenste Weise zu wirken hat, muss er bis auf einen gewissen Grad im Besitz der Errungenschaften des menschlichen Geistes sein, welche das Individuum erst recht zum Menschen machen. Ein Lehrer, der sich in einem zu engen Sinn auf sein Fachstudium concentrirt, wird sein Fach nie recht fruchtbar ausüben; er ist in Gefahr geistlos zu werden. Ein Grammatiker ohne philosophische Bildung wird keine Spracherscheinung auf einen rationellen Grund zurückführen können, sondern blos mit der Kategorie der Beispiele arbeiten. Er muss philosophische Bildung besitzen, um die Dinge die er zu lehren hat in ihrer organischen Entwicklung zu begreifen: die grammatische Erscheinung muss ihm werth sein als Ausdrucksform des menschlichen Geistes. Ebenso unentbehrlich ist ihm historische Bildung; dahin drängt die ganze Wissenschaft; die Geschichte ist der beste Philosoph, sie entwickelt Alles was in irgend einem Begriffe ist nach und nach. Darum ist Geschichte mit der grössten Anstrengung zu studiren; oder wie sollte man die Alten lesen können, ohne dass man sich in die Entwicklung der alten Menschheit hineinversetzen kann? Aber auch poetische Bildung d. h. Sinn für Poesie muss der Lehrer besitzen, wenn er Lehrer der alten Literatur, welche selbst in ihrer Prosa Poesie des Menschengeistes ist, sein soll. Um aber den Sinn für schöne Form zu nähren, dazu dient die Poesie, die uns vom Zustand des Gewöhnlichen in den der Idealität versetzt, so dass unsere Blicke abgelenkt werden von der rohen Wirklichkeit, die so oft das menschliche Gefühl verletzt. Die Versenkung in die ideale Sphäre des Lebens frischt die Phantasie dermassen an, dass man die Früchte sogleich im Unterricht verspüren muss. Darum muss sich der Lehrer vor Allem um die vaterländische Poesie bekümmern; er muss in ihr leben und Liebe zu ihr haben; er muss seinen Schiller und Goethe kennen, muss vor allem schillerfest sein. Aber wenn man sich blose Unterhaltung mit dieser Lectüre verschafft, so ist dies kein Studium; auch darf man die Heroen unserer Literatur nicht mit der nur zu oft heillosen Unterhaltungsliteratur unserer Tage verwechseln, die durch ein blos stoffliches Interesse die Nerven spannt und die Leidenschaften anfacht, während die ächte Poesie dieselben besänftigt und läutert und den Stoff durchgeistigt. Die wahre Schönheit ist auch eine Art der Wahrheit. Ohne Kenntniss der Poesie läuft man Gefahr in Geschmacklosigkeit zu verfallen, ohne Kenntniss der vaterländischen Poesie, seine Autorität zu verlieren oder wenigstens für unpatriotisch und indolent zu gelten.

Zur speciellen Fachbildung dagegen muss der Lehrer, wenn Philologie die Wissenschaft ist von der Entwicklung des menschlichen Geistes in den beiden klassischen Völkern der Vorzeit, eigentlich Alles kennen, was das Leben der alten Völker überhaupt bedingt. Dann ist er aber auch das Ideal eines Philologen. Dies ist nun selbstverständlich nicht von Jedem zu fordern; es gilt eine Auswahl zu treffen, nach sprachlichem und sachlichem Stoff. Vor Allem sind die Sprachen zu studiren; einmal, weil sie das Allerschwerste sind und zweitens als Mittel zum Verständniss der Schriftsteller. Darauf beruht die Wahrheit und Rechtschaffenheit des Wissens, und die Autorität bei den Schülern; der Lehrer muss Lateinisch und Griechisch können d. h. so gut als möglich schreiben und, wenigstens Latein, auch sprechen können. Keinesfalls aber lasse er sich auf andere Sprachgebiete ein, ohne auf diesen fest zu stehen. Ob er daher zugleich eine genaue Kenntniss etwa der neueren Sprachen, oder des Hebräischen, oder des Sanskrit haben kann, ist eine grosse Frage; wenigstens glaube er nicht dadurch die Lücken in den classischen Sprachen entschuldigen zu können. Indess soll er wenigstens eine Kenntniss von dem Bau der modernen und orientalischen Sprachen haben; ist dies aber nicht möglich, so wird ersteres durch eine genaue Kenntniss der Muttersprache ersetzt. Der Schulmann muss Grammatiker und Exeget nothwendig, wo möglich auch Kritiker sein. Kritik nämlich setzt ein Talent voraus; nun lässt sich eine ganz tüchtige Auffassung denken ohne das Talent der εὐστοχία; Kritik ist die Probe der Wissenschaft und setzt ungemein Viel voraus; ohne tüchtige Lectüre, grammatische und exegetische Beobachtung des Sprachgebrauchs lasse sich ja Niemand einfallen, ein Kritiker sein zu wollen. Darum ist es ganz verkehrt, wenn ein junger Philolog sein Universitätsstudium mit Kritik beginnt. In Bezug auf die Realien ist vor allem das Studium der griechischen uud römischen Theologie vonnöthen, weil die Religion das Leben eines Volks vor allem bedingt und dieses ohne die Kenntniss seiner Religion oft gar nicht begriffen werden kann. Damit hängt die Philosophie eng zusammen, deren Erforschung ebenfalls nothwendig ist. Das nächste Realstudium nach dieser ist die Geschichte; die Seele der politischen Geschichte ist aber die Verfassungsgeschichte; aber ebenso nothwendig ist überhaupt die Cultur- einschliesslich der Literaturgeschichte. — Also ein Gelehrter sei der Lehrer; zu gelehrt kann er nicht werden, er müsste denn vergessen, dass er Schulmann ist. Ist er aber gelehrt, dann verzeiht man ihm den etwaigen Mangel an conventioneller Bildung gerne. Aber abscheulich ist es, wenn sich ein Lehrer mit Roheit und Ungeschliffenheit etwas weiss und diese für altväterische Biederkeit hält.

7. Der Lehrer im Amte.

Der Lehrer soll nur durch eine Prüfung ein Amt erlangen, nicht sich hineinstehlen können. Mehr als sonst ist jetzt bei den Candidaten eine gewisse Aengstlichkeit zu bemerken. Die Prüfungen sind freilich schwerer als früher, doch nicht allzuschwer.

Gewissenhaftes Studium muss man sich schon als Student angeeignet haben; und wer dies gethan hat, braucht bei der Prüfung nicht ängstlich zu sein. Die Kunst die Zeit auszukaufen muss eben gelernt werden. Bei jener Prüfung aber ist auch die kleinste Unredlichkeit nicht zuzulassen; denn wie soll ein solcher Lehrer Lüge und Betrug aus der Klasse verbannen? Zum Examen gehört ein gutes Gewissen und Harmlosigkeit. Nach demselben kommt die Wartezeit; der Tüchtige aber bleibt gewiss nicht ungesucht und unbeschäftigt. Jeder aber strebe nach einer Lehrübung und beginne auf der Stelle ein regelmässiges Studium, lese die Autoren chronologisch wieder, treibe aber auch eine Nebenlectüre. Schädlich und abstumpfend wirkt dagegen Ueberhäufung mit Privatstunden; nichts schwächt die emporstrebende Kraft mehr. Oeffentliche Lehrstunden brauchen nur die halbe Kraft; sie werden mit frischer Begeisterung gegeben. Ist Jemand genöthigt eine Hofmeisterstelle zu übernehmen, so reservire er sich täglich einige Stunden zum eigenen Studium. — Zur Führung des Amtes aber bedarf man der Lehrkunst oder Didaktik. Diese zerfällt in zwei Theile; nach der einen Seite umfasst sie nämlich diejenige Thätigkeit des Lehrers, durch welche er das Thun der Schüler leitet, andrerseits diejenigen Thätigkeiten, nach welchen die Hauptarbeit dem Lehrer selbst zufällt. Wir betrachten sie gesondert.

Allgemeine Principien der Didaktik.

8. Leitung der Thätigkeiten der Schüler.

Auf die Schüler muss der Lehrer unterrichtend und erziehend einwirken. Um jenes zu können, müssen die Schüler antworten, also gefragt sein. Darum muss der Lehrer reden können. Er darf nicht selbst zum Sprechen zu faul sein; denn das ist etwas Entsetzliches und kann eine ganze Klasse todt machen. Aber um kein Haar besser ist die Geschwätzigkeit, die ihre Schüler todt redet. Ein anderer Fehler ist es, wenn ein Lehrer aus Mangel an logischer Begabung oder aus Neigung zur Zerstreutheit nicht im Stande ist, seine Gedanken zu ordnen; sein Reden ist ein „Irrlichteliren hin und her." — Diese Fehler sind alle heilbar, besonders der letztere durch scharfe Präparation, die die Sache so einfach und schlicht als möglich fasst. Ferner hat der Lehrer rein deutsch zu sprechen und die fehlerhaften Provincialismen sorgsam zu meiden. Doch darf er auch nicht sprechen wie ein Buch, sonst stumpft er die Wirkung ab. Das Gesprochene habe vielmehr den Charakter der Unmittelbarkeit und Eindringlichkeit.

Der Lehrer muss aber auch richtig fragen können, d. h. seine Fragen müssen 1) sachlich richtig d. h. bestimmt sein, also nicht etwa lauten: Was ist Homer? was thut das Haus Anhalt? welche Verba regieren den Ablativ? 2) sprachliche Correctheit darf ebenso wenig fehlen z. B. was hat uns Christus? „Erlöst". Was hängt der Knecht vom Herrn? „Ab". Oder: Da nahm Marius die Waffen in die? —

„Hand" — und ging muthig den Cimbern? — „entgegen." Denn 3) die Fragen müssen auch geistig anregend sein; dies ist Sache des Talents. Man muss manchmal auch eine paradoxe Frage aufwerfen. Es giebt grosse Unarten, die gerade das Gegentheil von geistiger Anregung erzielen; wenn der Lehrer z. B. bequem genug nicht einmal ein Sätzchen aufwendet, sondern fragt: $Πηληιάδεω$? $οὐλομένην$? — Aber die Fragen wollen auch richtig unter die Schüler je nach ihren Anlagen, Fleiss, Kenntnissen vertheilt sein; doch darf man dabei auch nicht zu pedantisch verfahren, um nicht die augenblicklich nicht Gefragten zu dem Wahne zu veranlassen, als gienge sie die gegebene Frage nicht an; vielmehr muss jeder Schüler meinen, jede Frage des Lehrers könnte auch an ihn gerichtet sein. Darum gebe man mitunter auch den besten eine leichte Frage, verlange aber dann eine möglichst vollkommene Antwort, und umgekehrt bei den schwachen. Jedenfalls müssen aber die gegebenen Antworten jedem Schüler verständlich sein, wovon man sich nach Umständen zu überzeugen hat. Eine weitere Unart beim Fragen ist es, wenn man mit Uebergehung ganzer Bänke sich etwa nur mit den besten beschäftigt. Wer das thut, ist kein Lehrer; er muss da helfen, wo es am nötbigsten ist und darf keinen verachten, der ihm als Schüler gegenübersitzt, die schwächsten am wenigsten; die Gesunden bedürfen des Arztes nicht, sondern die Kranken. Recht eigentlich verwerflich aber ist es, wenn der Lehrer nur mit gewissen Lieblingen verkehrt — das ist die reine Selbstsucht des Lehrers. Ebenso schlimm und Zeichen eines boshaften Herzens oder von Abgeschmackheit ist es, wenn man die bornirten Schüler zum Besten hat, um einen elenden Scherz zu machen. —

Aber die Antworten der Schüler sind auch genau zu controliren; es ist ungemein schwer durch solche Controle endlich gute und ordentliche Antworten zu ernöthigen. Vor allem dulde man keine unbestimmten Antworten z. B. wann steht *quin?* „Nach negativen Ausdrücken"; oder: was haben wir in $\varkappa\alpha\lambda\grave{o}\varsigma\ \tau\grave{o}\ \sigma\tilde{\omega}\mu\alpha$ für einen Accusativ? „Den *accusativus graecus.*" Das ist baarer Unsinn. Ferner muss die Antwort genau in der Construction sich an die Frage anschliessen; man dulde daher z. B. nicht, dass der Schüler jede Antwort geduldig mit ‚wenn' einleitet. —

Das ist nun Alles freilich leicht gesagt, aber zu formell und sachlich richtigen Antworten zu gewöhnen ist das Allerschwerste, was es im Unterricht gibt. Der Grund dieser Schwierigkeit liegt darin, dass der Lehrer, wenn der Unterricht nicht schläfrig betrieben werden soll, genöthigt ist, viel zu fragen und viele Antworten zu hören; dann fehlt die Zeit, um falsche Antworten immer vom Schüler selbst berichtigen zu lassen, auch darf man nicht zu lange auf eine gute Antwort des Schülers warten, weil dies eine Qual für die andern ist. Aber Hast und Ungeduld des Lehrers taugt auch Nichts; Geduld und eine ungeheure Gewöhnung ist für ihn erforderlich. Um in dieser Beziehung erfolgreich zu wirken, gehört treuer Eifer und innige Collegialität der Lehrer einer ganzen Anstalt dazu; denn sonst verdirbt der Nachfolger, was der vorausgehende Lehrer durch sorgfältigen Eifer erzielt hat; der Einzelne richtet hier blutwenig aus.

Die Thätigkeit der Schüler ist aber auch zu leiten bei Präparation und Repetition. Man hat neuerdings viel gestritten, auf welches von beiden Mitteln des Unterrichts mehr Gewicht zu legen ist. Diejenigen nun, welche vor Allem auf Selbstthätigkeit der Schüler hinarbeiten und Selbständigkeit des Denkens und Thuns erzielen, werden hauptsächlich die **Präparation** betonen und ich gehöre zu diesen; wer aber nur eine Masse von überliefertem Wissen in den Köpfen seiner Schüler haben will, somit die Selbstthätigkeit derselben reducirt, der ist für Repetition. (Diese findet sich meines Wissens häufig an katholischen Anstalten besonders gepflegt, jene herrscht mehr an protestantischen.) Es gibt ja nichts Unschätzbareres als diese Selbstthätigkeit in der Schule, bei welcher sich der Schüler selbst etwas erarbeitet, und sie lässt sich vom elementarsten Unterricht an durch Millionen von Zwischenstufen steigern — freilich wird man nicht das Aufschlagen von Wörtern Präparation nennen. Zur rechten Präparation muss der Elementarschüler eine vernünftige Anleitung erhalten. Man muss ein paar Stunden in den untersten Klassen darauf verwenden den Schüler vor Allem anzuweisen den Sinn des Gegebenen zu erfassen; die ersten Stücke muss man mit ihm ganz durchpräpariren. Je nach Unterschied muss dies in der folgenden Klasse fortgesetzt werden. In der ersten Gymnasialklasse z. B. muss der Lehrer schon im Voraus anmerken, was sachlich oder sprachlich Schwierigkeiten macht. Damit ist die halbe

Erklärung schon gegeben. Durch die Schulausgaben mit Anmerkungen, die recht eigentlich eine vernünftige Präparation ermöglichen sollen, ist in neuerer Zeit vieles erleichtert. — Ferner muss man, um den Schriftsteller der Jugend nahe zu bringen, mit aller möglichen Uebersetzungskunst eine möglichst vollkommene Uebersetzung liefern d. h. finden lassen. Dies ist die Blüthe des Verständnisses. Ebenso muss sich natürlich der Schüler schon bei der Präparation um die möglichst gute Uebersetzung bemühen, nicht aber eine schriftliche Vorübersetzung liefern; denn das Uebersetzen in der Klasse soll zugleich eine Sprechübung sein; der Schüler muss darüber meditirt haben und fliessend die Uebersetzung wiedergeben, wie er sie sich gedacht hat, ohne schriftliche Aufzeichnung. (Man ergreife jedes Mittel die Sprechfähigkeit der Schüler zu fördern, z. B. auch durch continuirliches Uebersetzen kleiner leichter Sätze, bei welchen man es nicht dulde, dass der Schüler fünf oder sechs Mal ansetzt.) Präparationshefte sind in den unteren Klassen zu halten, im Gymnasium soll man es dem Schüler überlassen, ob er solche halten will; wenn er nur präparirt ist. — Eine Präparation erfordern aber alle Fächer, z. B. besonders die Geschichte. Man weise die Schüler an, wie man das Handbuch zur Vorbereitung gehörig excerpirt, so dass der Gang der Begebenheiten ganz kurz aufgefasst auch schon im Excerpt liege; in höheren Klassen weise man bei der alten Geschichte auf die Quellen hin, um zu ihrem Studium anzureizen.

Andererseits hat der Spruch *repetitio est mater studiorum* seine volle Berechtigung; nur hat eine verkehrte Durchführung dieses verständigen Grundsatzes den Schulen sehr geschadet. Nicht alle Gegenstände verlangen oder vertragen eine Repetition in gleichem Masse; mancher kann dadurch todtgeschlagen werden. Vor Allem gilt das bei Homer; wenn der Unterricht darin in der rechten Weise gegeben wird, gewinnt ihn der Schüler lieb und will fortgerissen sein vom Gang der epischen Handlung; wirft man ihm nun alle Augenblicke den Prügel der Repetition zwischen die Füsse, so thut man ein entsetzliches Unrecht und stumpft den Schüler ab. Homer repetirt sich selbst fortwährend, wenn nur der Lehrer seine Sache ordentlich versteht. Analog gilt dies auch von Virgil und von den Historikern: Livius, Xenophon und allen, in deren Natur es liegt den Schüler hinzureissen. — Dagegen muss Geschichte, Mathematik und natürlich die Grammatik repetirt werden. Die beste, wirksamste und angenehmste Repetition nun ist die unmerkliche, durch geschickte Benützung alles schon Eingeübten zur Erläuterung des gerade Vorliegenden; überhaupt ist ein Ineinandergreifen des Unterrichts vonnöthen, Geschichte z. B. zur Exegese der Klassiker zu benützen und umgekehrt. Ein- oder zweimal im Semester kann man dann den Schülern etwa sagen: Nun wollen wir einmal repetiren, überles't euer erstes Buch des Livius! Oder man sagt am Ende des Stücks: Nun seid klug; geniesst das zu Hause einmal im Zusammenhang und harmlos. Aus solcher sehr wünschenswerthen Privatrepetition entspringt endlich freiwillige genussreiche Lectüre der Klassiker, was doch das Ziel aller Gymnasialbildung ist. — Zu verwerfen aber sind die Tendenzrepetitionen für's Examen; ebenso ist es schlimm, wenn ein Lehrer scharf repetirt, um selbst nicht weiter arbeiten zu müssen.

Gedächtnissübungen müssen natürlich fortwährend nebenhergehen d. h. das Memoriren solcher Dinge, die um ihrer selbst willen memorirt werden. Es gab eine Zeit, wo die ganze pädagogische Weisheit in recht vielem Lernenlassen gesucht wurde. Aber es ist ganz heillos, dem Schüler z. B. zu sagen: bis da und dahin lernst du dein Paradigma τύπτω, wenn man es noch nicht genetisch erklärt hat. Heillos ist es auch, wenn man in der Geschichte „den so und so vielten Paragraphen für morgen zu lernen" aufgiebt; am heillosesten aber ist es, wenn es möglich ist, dass ein Lehrer — wie mir versichert wurde — die Methode hat z. B. Herzog's Commentar zu Cäsar mit allen Citaten zu dictiren und lernen zu lassen.

Gleichwol ist andererseits die Nothwendigkeit von Gedächtnissübungen nicht zu leugnen, und Jacobi hat (in seinem Brief an die Fürstin von Gallitzin, aufgenommen in meinen Stilübungen Heft II, XI, 1 N. 43) ganz recht, wenn er bemerkt: „Was für einer Meinung man auch über die beste Methode des Unterrichtes zugethan sei, es sei im Allgemeinen oder nach Unterschieden, so ist doch folgendes wol nicht zu leugnen, dass wir nämlich diejenigen Wissenschaften, die auf eine unmechanische Weise theils erlernt werden können theils erlernt werden müssen, dass wir diese sogar, wenn wir sie wirklich inne haben sollen, am Ende doch mechanisch wissen müssen. Was wir nicht dergestalt gelernt haben, dass wir es blos aus dem Gedächtnisse reproduciren können, so dass der Verstand gewissermassen nur das Zusehen dabei hat, das nützt uns sehr wenig, oder es nützt uns wenigstens nicht lange" u. s. w. Wie sind also, wenn die Nothwendigkeit von Gedächtnissübungen unbestritten ist, dieselben zu behandeln und was muss ihr Gegenstand sein? Für's Erstere ist zu merken, dass man gerade in den Jahren, wo neben der Phantasie insbesondere das Gedächtniss stark ist, ihm Nahrung zuführen muss, und zwar Dinge die für die Wissenschaft und solche die für das Leben nothwendig sind. — So müssen denn zunächst in den unteren Klassen recht viele Wörter gelernt werden, nicht blos im Latein, sondern auch im Griechischen und hier gerade so eifrig; auch griechische Vocabularien sind anzulegen; so ist es auch im Hebräischen; ob die Anordnung etymologisch oder stofflich sein soll, darüber lässt sich streiten; da ist das Eine zu thun und das Andere nicht zu lassen. Die Versäumniss dieser Pflicht ist ein Hauptgrund, dass der absolvirte Jüngling und Mann die Klassiker über Bord wirft; denn da noch mit Wörter aufschlagen oder lernen sich herumzuplagen hat er weder Lust noch auch Zeit. *Non scholae sed vitae discendum.* Dieser Spruch wird oft so missdeutet als ob alles vom praktischen Gesichtspunkte aus gelernt werden müsste, aber Einzelnes ist allerdings wirklich für's künftige Leben zu lernen. Dahin gehören besonders auch weltliche und geistliche Lieder und Sprüche; diese Uebungen äussern vielleicht manchmal erst im Greisenalter oder gar auf dem Todtenbette ihre segensreiche Wirkung.

Kein Lehrer halte sich zu vornehm diese Art des Lernens gehörig zu betreiben; sonst veranlasst er den positivsten Nachtheil bei seinen Schülern. Er selbst muss aber mitlernen; das ist das einzige Mittel den Geist des Lernens in die Schüler hineinzubringen; er verhöre das Gelernte ohne Buch.

Zur richtigen Betreibung dieser Uebungen gehört aber auch noch, dass niemals etwas aufgegeben werde, das nicht verhört wird; dann muss man, um Zeit zu sparen, diejenigen, die das schwächste Gedächtniss haben, gewiss immer und jedesmal vornehmen, dagegen die ein gutes Gedächtniss haben und ohne Anstoss lernen, kann man zuweilen übergehen und nur subsidiarisch benützen.

9. Specielle Thätigkeiten des Gymnasial-Lehrers.

Eine gute Behandlung der Schriftsteller ist die erste Bedingung für den Bestand eines Gymnasiums. Früher hat man sich um den Inhalt des Gelesenen in der Regel nicht im mindesten bekümmert, höchstens einmal bei einer schwierigen Stelle; ferner war Uebersetzung und Erklärung gänzlich auseinander gefallen; man übersetzte zuerst ein Capitel, dann ging man an das *notulas adspergere* d. h. an grammatische Excurse oder glossatorische Erklärung, während die Erklärung eine fortlaufende Reproduction des Schriftstellers sein soll, wie sie in der neuern Zeit in so erspriesslicher Weise von den grossen Theologen geübt wurde. Früher aber trug die Uebersetzung ganz den Charakter der Zufälligkeit. Damals las man in den Lectionscatalogen deutscher Universitäten z. B. *Selectos locos e Virgilio explicabit N. N.* — Die rechte Methode ist eine ganz andere. Der Inhalt ist die Hauptsache, man muss also eine recht lebendige Theilnahme für die Sache haben; der Lehrer muss es dem Schüler gleichsam vorempfinden *(cum grano salis)* und durch seine Phantasie die des Schülers beleben. Der Schüler, der die Anabasis liest, muss meinen, er mache sie selbst mit. Freilich kommt auf die Wahl des mit der Jugend zu lesenden Schriftstellers sehr viel an und es versteht sich dabei immer von selbst, dass auch der Lehrer sich auf das Genaueste auf seinen Schriftsteller vorbereitet haben muss.

Dann muss er auch, um die Schüler mit der Sache recht vertraut zu machen, sie zu einer möglichst guten Uebersetzung anhalten; sie ist die Probe und Blüthe des Verständnisses.

Es ist eine alte Streitfrage: soll man wörtlich oder frei übersetzen? d. h. soll man die Muttersprache der fremden entgegenbewegen oder die alte in unsere verwandeln? Schleiermacher (Platon) that das Erstere; allein wir haben kein Recht über unsre Muttersprache. Uebersetzen heisst die Gedanken und ihre Form so in eine andere Sprache übertragen, dass die Gedanken rein in einer Form ausgeprägt erscheinen, die dieser Sprache adäquat ist; man vergleiche z. B. des Cicero Uebersetzung von Demosthenes und Aeschines Reden. Durch jenes sklavische, sog. wörtliche Uebersetzen entsteht oft ein Kauderwelsch, und jenes freie Uebersetzen ist oft ein willkürliches; die Uebersetzung darf aber keines von beiden sein; sondern die Muttersprache muss in ihrer grössten Schönheit aufgeboten werden, damit eine **wissenschaftliche** Uebersetzung entstehe. Der Uebersetzer muss wissen, wie sich der Genius der einen Sprache im einzelnen Fall zu dem der andern verhält. Die Thätigkeit beim Uebersetzen ist eine Substitution entweder der wörtlich, oder der sachlich und wesentlich entsprechenden Begriffe, wo möglich beides zugleich. Wenn man den Satz: *omnem vim ingenii, quae summa fuit in illo, in populari levitate consumsit* (Stilistik §. 20, 2) übersetzt: sein ganzes grosses Talent ging in dem leichtfertigen Treiben eines Demagogen auf, so ist dies weder eine freie noch wörtliche, sondern eine wissenschaftlich nothwendige Uebersetzung. Die zuletzt genannte eigentliche Substitution im engern Sinne findet statt bei Sprichwörtern z. B. zwei Fliegen mit einer Klappe erschlagen: *duos parietes ex eadem fidelia dealbare*; aus einer Maus einen Elephanten machen: *e rivo flumina magna facere (Juven.)* und insbesondere auf dem grossen Gebiet der Topik.

Was die **mündlichen** Uebersetzungen in der Schule betrifft, so ist schon oben (S. 34) erwähnt, dass sie nur nach ordentlicher Präparation vorzunehmen sind; dann wird auch der Schüler nicht wälschen, sondern deutsch sprechen. — Wie oft soll man das Tagespensum übersetzen lassen? Ich antworte: das richtet sich nach der Schwierigkeit desselben. Bei schönen und erhabenen Stellen repetire das Ganze ein Schüler, der gut und ausdrucksvoll zu reden weiss; dies wirkt auf die Mitschüler. Der Lehrer selbst übersetze aber jedenfalls den Klassiker vorher schriftlich, ohne jedoch diese Uebersetzung in die Klasse mitzubringen; denn er muss zehnfach leisten, was man vom Schüler verlangt. — Bei Berichtigung der Schülerübersetzung darf man aber nicht durch Krittelei den Schülern die Freude an ihren eigenen Leistungen verkümmern. — Schriftliche Uebersetzungen sind zwar in den unteren Klassen zur Befestigung des Gehörten, aber in den oberen nicht von jedem Klassiker zu fertigen, in der Regel nur von einem; aber nicht von Homer, sondern etwa von Horaz, nicht von Xenophon, sondern von Livius oder Demosthenes; aber besonders schwere Stellen z. B. im Cicero müssen ausnahmsweise doch auch schriftlich übersetzt werden, bei den Tragikern etwa die Chöre. Grundsatz: die Uebersetzung darf hier nichts Gewöhnliches werden und so ihren Reiz verlieren; der Schüler muss wissen, dass er ein Kunstwerk damit liefern soll. —

Während die Uebersetzung mehr für das Gefühl berechnet ist, muss die Erklärung der Klassiker das Verständniss erzielen. Zur richtigen Erklärung gehören aber drei Stücke. Was man erklärend sagen will, muss man entwickeln, das Entwickelte muss aber wieder concentrirt werden um der Langeweile zu entgehen, und hiebei muss man das Markiren verstehen, um die Hauptpunkte herauszuheben und dem Gedächtniss des Schülers einzuprägen. —

Eine Frage ist noch zu erledigen: Soll man cursorisch oder statarisch lesen? (Vgl. hierüber Gesners sehr lesenswerthe Vorrede zum Livius; auch in seinen kleinen Schriften.) Cursorisch lesen nannte man vor etwa hundert Jahren die Art, einen Schriftsteller um seiner selbst willen fortzulesen, dagegen statarisch lesen, ihn als Grundlage für die Mittheilung von Gelehrsamkeit in Masse betrachten; diese Gegensätze gehören einer Zeit an, in welcher man die geistigen Thätigkeiten zersplitterte; für unsre Zeit gelten sie nicht mehr: man lese so schnell als möglich d. h. so langsam als erforderlich ist, dass das Verständniss nicht darunter leidet; nur aber nicht viel aus Eitelkeit oder wenig aus Trägheit oder Ungeschicktheit. In der ersten Gymnasialklasse habe ich etwa folgenden Umfang der Lectüre eingehalten: im Lateinischen zwei, höchstens dritthalb Bücher von Livius; zwei, meist drei, von Virgil; von Xenophon viel, meist vier Bücher (Historien oder Anabasis oder Cyropädie); von der Ilias nicht unter fünf und nicht über sechs, oder von der Odyssee sieben bis acht Bücher. Im Lateinischen ist ein geringeres Mass von Lectüre nicht rathsam. Aber Hauptpflicht ist's, eine Lectüre abzuschliessen; denn nichts wirkt nachtheiliger, namentlich auf bessere Schüler, als das Verstümmelte. Noch gefährlicher aber ist das Naschen; das ist beinahe charaktergefährlich. — Hauptsache bei der Erklärung ist aber eigene Wärme des Lehrers: *si vis amari scriptores, ama*: aber es darf natürlich kein Strohfeuer, sondern muss eine auf Einsicht beruhende Begeisterung sein. Diese Wärme des Lehrers für die Sache deckt manche anderen Fehler desselben zu; denn gerade sie ist durch keine Gelehrsamkeit zu ersetzen.

10. Correcturen.

Wenn irgend eine Thätigkeit nothwendig ist, so ist es die des Corrigirens. Der Schüler soll ordentlich und gerne arbeiten; wenn er aber weiss, dass seine Arbeiten nicht oder nur zum Scheine controlirt werden, so ist jede Zeile verloren. Er hat das heilige Recht zu verlangen, dass der Lehrer von seiner Arbeit Notiz nehme. Es ist freilich ein Unglück, wenn die Schülerzahl zu gross ist; aber dann helfe man sich eben durch kurze Pensa; lieber gebe man Aufgaben von vier Zeilen; aber corrigirt muss Alles bei allen Schülern werden; auch das Deutsche und die sogenannte Alteraversio ist durchzusehen — beide werden von den Schülern gleich dictando in's Heft geschrieben —; denn gerade hier erkennt man einen Schüler nach seinem innern Werth, ob er leichtsinnig oder gewissenhaft ist. Räthlich ist es, nicht mehr als ein griechisches und ein lateinisches Wochenspecimen und etwa alle drei Wochen eine deutsche Arbeit zu geben; mehr zu corrigiren kann nicht von einem Lehrer gefordert werden. Was die Art der Correctur betrifft, so mag wer will viel Richtiges hinschreiben und Viel corrigiren, aber Hauptregel ist: man verderbe dem Schüler seine Arbeit nicht unnöthiger Weise, sondern lasse so viel als möglich unangetastet, sonst wirkt man entmuthigend. Insbesondere soll man eine sauber gefertigte Arbeit schonen und nicht durch Striche und Geschmier entstellen. Nur Ignoranten corrigiren übrigens nach ihrem Original. — Grobe Fehler müssen auch in der Correctur stark markirt werden und zu dieser wählt man am besten eine andere etwa rothe Tinte. Auch schreibe man nicht unter jede Arbeit eine Note; am sparsamsten aber sei man mit dem Lobe, sonst stumpft man die Wirkung davon ab; „gut" soll jede Arbeit sein, das ist Pflicht. Ich habe während der sechzehn Jahre, die ich in Nürnberg lehrte, ein einzigesmal *optime* unter eine Arbeit geschrieben, an der ich wenigstens gar nichts auszusezten wusste; sonst vielleicht drei bis viermal des Jahrs ein *bene;* denn lobgierig sollen die Schüler nicht werden. Dagegen mag man an einzelnen gut gelungenen Stellen ein *bene* an den Rand setzen. Intolerant sei man gegen leichtsinnige, lüderliche Arbeiten; denn dahinter steckt böser Wille. Da soll der Schüler gerade an seiner Bequemlichkeit nichts gewinnen: man durchstreiche die ganze nochmals zu liefernde Arbeit. Auch auf die Handschrift der Schüler ist bei der Correctur zu achten, und z. B. auch nicht zu dulden, dass sie einzelne Buchstaben eigenmächtig verunstalten, was besonders im Griechischen gerne geschieht.

Der zweite Theil der Correctur ist das Besprechen der Arbeit. Dies muss eine wissenschaftliche Reproduction der Aufgabe auf Grund der Sprachvergleichung sein und das Pensum muss mit Allen, nicht mit den Einzelnen besprochen werden. Vgl. die Vorrede zu meiner Stilistik.

Der Lehrer muss den richtigen rein und in weiteren Zeilen geschriebenen Text schon bei der Correctur vor sich haben, um durch Unterstreichen und ganz kurze Notate die vorgekommenen Fehler sich anzumerken. Hauptsache ist aber, beim Durchgehen die Uebereinstimmung und den Unterschied beider Sprachen klar zu machen; dies ist wirksamer als noch so viel rothe Tinte. Die groben Fehler werden nebenbei besprochen. In unteren Klassen lasse man beim Durchgehen die ganze Arbeit mündlich übersetzen, corrigire dabei die Fehler und dictire auch hier eine *interpretatio emendata*.

11. Hindernisse des Unterrichts.

Schlecht für die Klasse vorbereitete Schüler gehören vor allem zu den Hindernissen des Unterrichts; wenn so eine ganze Klasse nicht reif ist, so giebt es nur ein Mittel zu helfen: man muss um eine Stufe des Unterrichts heruntersteigen. Eine viel häufigere Plage der Lehrer sind jedoch ungleich vorbereitete Schüler. Bei solchen, die unverschuldet zurückgeblieben sind, muss Privatnachhilfe eintreten. Der Lehrer selbst muss hier Hand anlegen und ihnen aus wahrer Liebe wenn auch nur eine Viertelstunde täglich nachhelfen oder wenigstens mit dem Privatlehrer sich in Verbindung setzen. Im Allgemeinen ist aber Privatnachhilfe nur als Ausnahme zu gestatten; ein Gymnasium verdient diesen Namen nicht, wenn es dieselbe nicht wenigstens in den Hauptgegenständen unnöthig macht. — Das Unkraut ausjäten, dem Schüler Erholung gönnen durch rechtzeitige Repetition des Cursus, den schwachen die Hand bieten — diese drei Dinge sind segensreich. —

Ein Haupthinderniss sind auch überfüllte Klassen — dies ist ein ungeheurer Uebelstand. Denn die

Aufmerksamkeit so vieler wach zu erhalten ist unendlich schwer und doch ist Aufmerken Lernen. Da muss vor Allem der Geist der Zucht helfen; der Lehrer kann und muss sich gewöhnen seine ganze Klasse mit dem Auge zu regieren. Es darf ihm eigentlich keine Bewegung der Schüler entgehen; und durch Uebung ist hier einem für sein Amt begeisterten Lehrer viel möglich was dem Laien unmöglich scheint. Dazu gehört, dass er so wenig als möglich in das Buch sieht; auch ist die Anweisung der Plätze dabei sehr wichtig; die Zerstreuten, die Unaufmerksamen, die welche gerne hinten sitzen, insbesondere aber verzogene Muttersöhnchen, die sich nicht gerne anspannen lassen, müssen immer im Feuer stehen d. h. vorne sitzen. Ist eine Klasse so zahlreich, dass sie etwa an 80 Schüler zählt, so ist von vorneherein klar, dass man einer solchen Masse zugleich die Formenlehre nicht beibringen kann; man theile sie also in Partien, indem man von halber zu halber Stunde nur die eine Hälfte unterrichtet; wenn die andere indess stört, muss man sie lieber fortschicken; denn ein Aufsehersystem durch Schüler selbst taugt nichts. Ein anderes Mittel ist, dass man etwa nach einer Woche Unterricht durch ein Examinatorium diejenigen, bei denen es noch fehlt, herausfindet und dann in einem besondern Coetus nebenbei unterrichtet. Einem Lehrer, der an achtzig Schüler hat, ist jedenfalls Gesundheit zu wünschen und dass er eine solche Masse nicht etwa in Folge feiger Bequemlichkeit seines Rectors hat, der nur das Publicum zufrieden stellen will. —

Dasselbe Uebel in anderer Gestalt sind combinirte Klassen. Dieser Nothstand ist baldmöglichst abzustellen. Man kann da eben nur in Gegenständen unterrichten, welche die Combination vertragen; nicht in Mathematik oder griechischer Formenlehre, oder einem Gegenstand, der in der jüngern Klasse erst eingeführt wird. Die untere Klasse ist dann aber jedenfalls zu unterrichten und die höhere nur subsidiarisch zu benützen, sonst wird jene ganz vernachlässigt. Was dann für die untere Klasse Unterricht, ist für die höhere Examen, z. B. im Homer.

12. Förderungsmittel des Unterrichts.

Das gesegnetste, wichtigste und unfehlbarste Förderungsmittel sind Verständigung und gegenseitige Besprechungen der Lehrer über die Methode in den einzelnen Fächern, sonst fehlt die Einheit des Unterrichts, was besonders in der Grammatik empfindlich schadet. Durch Befehl von Oben ist da gar nichts auszurichten, ein solches Verhältniss muss aus dem Lehrer-Collegium selbst hervorgehen; der Rector vor Allen soll es anbahnen. Wenigstens soll der jüngere Collega die andern fragen, wie sie diesen oder jenen Punkt ansehen u. dgl. Der Stolz der Lehrer von einander etwas zu lernen ist das Hinderniss, welches diesem einfachen Mittel so sehr im Wege steht; das ist aber ein unsittliches Verhältniss. Die Lehrer müssen in der Schule und in ihrer Gesellschaft den gemeinschaftlichen Mittelpunkt ihrer Thätigkeit finden. Dazu ist nicht nothwendig, dass die Lehrer persönliche Freunde sind, aber sie müssen gegenseitig sich achten und dürfen z. B. nicht Collegen in der Klasse tadeln oder gar heruntersetzen; ferner müssen sie sich über gemeinsame Angelegenheiten in Liebe berathen; darf ja doch der Lehrer kein Egoist, kein Sonderling, kein Einsiedler sein, sondern muss die Fähigkeit haben einen Meinungsaustausch zu pflegen, in eine andere Ansicht einzugehen und sich dieselbe anzueignen; er muss schon auf der Universität gelernt haben auch mit Individuen umzugehen, die ihm nicht zusagen.

Ferner ist das Zutrauen des Publicums absolut nothwendig zum Gedeihen des Unterrichts: der Schüler muss hören, dass seine Anstalt mit ihren Lehrern auch den Eltern eine Autorität ist; diese darf ausserhalb der Schule nicht geschmälert werden. Freilich hängt das Zutrauen der Eltern wieder ab von den Wahrnehmungen, die sie an ihren Kindern machen; gehen diese gerne in die Schule, lieben und achten sie ihre Lehrer, werden sie gefördert, dann haben die Eltern Zutrauen; denn sie merken gar wol die Bemühung, die Liebe, insbesondere die Geduld des Lehrers. Zutrauen wird also gewonnen durch eine gute Amtsführung; von dieser giebt es nun freilich verschiedene Seiten, eines aber kann jeder Lehrer haben, nämlich Treue, Bemühung, Geduld. Mancher Lehrer will das Zutrauen durch schlechte Künste gewinnen z. B. durch Coquettiren mit den Schülern; dies ist nicht nur unnütz, sondern auch verwerflich; aber um alles in der Welt darf sich der Lehrer nicht vor dem Publicum fürchten, und um so weniger, je verwöhnter es ist. Wir haben in unsrer Nähe Fälle gehabt, wo energische Rectoren anfangs wegen ihrer Restaurationsbestrebungen hart und rücksichtslos gescholten wurden, bis das Publicum später nach den Früchten derselben urtheilte und dankbar wurde. Ein anderer in Städten häufiger Fall ist, dass Väter, die im Ruf der Gelehrsamkeit stehen, sagen: wozu sollen meine Kinder dies und das lernen? das weiss ich ja selbst nicht. Dies gefährdet die Autorität der Lehrer ausserordentlich. Man darf aber insbesondere in Dingen der Zucht dem Publicum nicht nachgeben. Freilich muss sich andererseits der Lehrer und besonders der junge oder jähzornige vor Unbesonnenheit und Unklugheit in Behandlung der Schüler hüten und darf sich nicht durch die Leidenschaft zu Aeusserungen hinreissen lassen, welche die Eltern beleidigen; überhaupt darf das Privatverhältniss zu den Eltern der Schüler gar nicht in die Klasse hineingezogen werden; die Person des Lehrers muss immer in ruhiger Würde dastehen. — Ein grosses Unglück aber ist es für Schulen und Lehrer, wenn sie in entscheidenden Hauptfällen von den oberen Behörden nicht unterstützt werden. —

Eine andere nothwendige Vermittelung zwischen Publicum und Schule sind öffentliche Prüfungen. Man wende nicht ein: das Publicum kommt doch nicht. Es kommt schon, wenn es etwas davon hat. In den Prüfungen der untern Klassen ist elementare und bei denen der obern Klassen ist wissenschaftliche Bildung der Zuhörer gewiss vorhanden, so dass sie gerne zuhören, wenn man es nicht ungeschickt anfängt und statt Sophokles übersetzen und erklären zu lassen blos von $γέ$ und $ἄν$ spricht. Und wenn vom Publicum gar Niemand da wäre, ich würde als

Rector vor versammelten Collegen ebenso gewissenhaft examiniren lassen; schon desswegen, damit ein College die Art des anderen kennen lernt, betreffenden Falls ihn warnt und ihm Rath ertheilt, wenn er erfahrener ist.

Zweiter Abschnitt.

Die Disciplin.

13. Bedeutung und Umfang der Disciplin.

Disciplin ist von Seiten des Lehrers Handhabung des Gesetzes zum Behufe sittlicher Bildung, der sittliche Unterricht des Schülers (während das lateinische Wort wissenschaftlichen und sittlichen Unterricht einschliesst); er soll den Geist der Gesetzlichkeit aus sittlichen Gründen hervorrufen. Von der rechten Gymnasialdisciplin soll alle Polizei ausgeschlossen sein. Die Polizei bekümmert sich blos um die äussere in die Erscheinung tretende Handlung, aber bei jener sind die Motive und die Gesinnung die Hauptsache. — Dieser Geist der Zucht nun wird sichtbar im Verhalten des Einzelnen zunächst in Bezug auf die Anstalt und zwar im Innern durch Heilighaltung ihrer Ordnung und Satzungen. Sie zeigt sich durch gewissenhafte Treue auch im Kleinen z. B. pünktliches Erscheinen in den Lehrstunden. Jede Nachlässigkeit in Einhaltung der Zeit ist ein Egoismus und zeigt Mangel an Achtung vor dem Beruf.

Der Schüler muss aber ebensosehr den Ruf der Anstalt nach aussen wahren, muss in ihrer geistigen und sittlichen Sphäre bleiben und darf nicht über den Stand des Schülers hinausgehen indem er z. B. Tabackrauchen, Wirthshausbesuch oder gar das Tanzen auf Bällen anticipirt oder den Politiker zu machen und sich in Welthändel zu mischen oder schon den Fachgelehrten zu spielen versucht. Das sind die Candidaten für die Blasirtheit, für das *taedium* an allem, weil sie nichts zu rechter Zeit geniessen; solche sind mit 30 Jahren Greise. Noch schlimmer ist es, wenn ein Gymnasiast den Schöngeist spielt, Gedichte, Theaterkritiken u. dgl. in das Stadtblättchen schreibt. Ein ganz unbeholfener Schüler ist mir entschieden lieber, als ein in dieser Art gewandter, der den künftigen nerv-und marklosen Stutzer verräth. — Gegen die Lehrer und zwar gegen alle, auch die Nebenlehrer, muss der Schüler durchaus ehrerbietig sein und es darf dem Klasslehrer ja nicht gleichgültig sein, wie sich die Schüler in den Stunden der Nebenlehrer benehmen. Der wohlgezogene Schüler wird Ehrerbietung auch gegen den schwachen Lehrer zeigen; da muss in der Person das Amt geehrt werden und zwar ist die Ehrfurcht dem Lehrer in und ausser der Anstalt zu beweisen. Aber der schnödeste Undank ist es zu zeigen, dass man sich um den früheren zumal den Elementarlehrer nichts mehr kümmert; gerade diese müssen ja mit der grössten Selbstverleugnung Jahr aus Jahr ein Dinge lehren, die für sie gar keinen wissenschaftlichen Reiz haben.—Auch auf das Betragen des Schülers gegen seine Mitschüler ist zu achten. Die älteren werden natürlich von den jüngeren nachgeahmt; wie der Geist der oberen Klassen ist, so ist auch der

der untern. Es ist etwas sehr Schönes, wenn in den oberen Klassen besonders tüchtige Schüler sind, vor denen die jüngeren Respect haben; solche reizen zur Nachahmung. Die Schüler der nämlichen Klasse haben eben so wichtige Pflichten. Die rechte Klasskameradschaft muss gehegt und gepflegt, aber jedes Parteiwesen um jeden Preis gesprengt werden; besonders dulde man nicht, dass die Schlechteren oder Stärkeren in irgend einer Weise etwa über die Minderzahl der besseren Schüler eine Art Tyrannei ausüben, wie früher der Terrorismus des Pennalismus sogar auf Gymnasien Eingang gefunden hatte. Dieser Unfug ist — meines Wissens — hauptsächlich durch das Turnen gestürzt worden. Der Turnplatz bietet auch die rechte Vereinigung Aller; dies ist die schönste Gemeinschaft und das richtige Verhältniss Aller; da gilt jeder was er leistet.

14. Princip der Disciplin.

Früher herrschte die äusserste Strenge, oft eine barbarische, grausame Strenge. Einseitig angewandt fruchtet diese gar Nichts. Sie wurde durch den Philanthropinismus ganz über den Haufen geworfen: Liebe — wurde jetzt die Losung. Die Folge war eine noch viel heillosere Zuchtlosigkeit; diese Liebe ist eine Schwäche und nichtswürdige Faulheit, die den Charakter zu Grunde richtet, weil sie im Bunde steht mit den natürlichen bösen Neigungen der Schüler: „muthet ihr mir nichts zu, dann lass ich euch auch in Ruh." Eine solche Güte ist oft nur eine Coquetterie mit den Schülern, um sich die Gunst derselben zu erwerben, und sie ist eben so selbstsüchtig, als es eine selbstsüchtige Strenge gibt. Jene führte dahin, dass man die Schule in ein Familienzimmer d. h. in eine Kinderstube verwandelt haben wollte, während sie gerade zu trennen ist als öffentlicher Raum, wo man im Namen des Staats für den Staat lernen soll. Es ging dies bis zum Extrem, dass z. B. der Lehrer an seine Lieblinge Aepfelviertel vertheilte, oder die Kinder verlangten: er solle etwas erzählen; da war der Lehrer nur der Mann mit der Geige.

Nun hiess es: Strenge und Liebe müsse man zur rechter Zeit wechseln. Auf gemischte Principien nun halte ich Nichts, diese Gegensätze sind so einseitig wie cursorisch und statarisch. Man soll immer gut und immer streng gegen die Schüler sein; diese beiden Gegensätze schliessen sich nicht aus; man suche das Heil der Schüler, dann ist eben die Liebe die rechte Strenge und umgekehrt (während sonst immer die Strenge eine Tyrannei, die sog. Liebe eine verdammungswürdige Schwäche ist). Beide sind nur verschiedene Formen der Treue, die der Lehrer dem Schüler schuldet. Wo es gilt den gefährdeten Zweck des Ganzen zu retten, muss Strenge eintreten; Liebe wird sich zeigen, wo dem Schwachen, der guten Willen hat, das Einleben in den Organismus des Ganzen zu erleichtern ist. Vor Allem darf der Lehrer sich nicht schonen, er muss um des Ganzen willen alles thun.

15. Die Handhabung oder die Mittel der Disciplin.
a) Die Belohnungen.

Geistig wirksame, die im Geist der Anstalt und in der Persönlichkeit des Rectors und der Lehrer liegen, sind freilich die allerbesten Mittel. So ist das unfehlbare einzige Mittel gegen die Lüge nicht Strafe, sondern das lebendige Beispiel des Lehrers von Lauterkeit und Unschuld. — Aeusserlich wirksame Mittel aber sind zunächst Belohnungen und Strafen. (Der Fleiss gehört zur Disciplin wie zur Intelligenz.)

Die gewöhnlichen Belohnungen sind lauter Ehrenbelohnungen: Lob, Platz, Preis (von beiden letzteren weiss man im grössten Theil von Deutschland, besonders in Norddeutschland, nichts). Da erhebt sich die wichtige Frage: Darf der Ehrgeiz überhaupt angeregt werden, darf Ehrenbelohnung Motiv des Lernens oder der Zucht sein? Quintil sagt freilich *licet ipsa sit vitium ambitio saepe tamen causa virtutum est;* aber darf in einer christlichen Schule dieser blos den Zweck in das Auge fassende Satz gelten? denn es ist hier vom Ehrgeiz *studium laudis et honoris* die Rede, nicht von dem sehr zu pflegenden *studium honesti*, der Ehrliebe. Wenn der Ehrgeiz den Schüler spornt, so wird ihm damit die Selbstbefriedigung seines Ich als Hauptziel seiner Bestrebungen hingestellt. Es gibt allerdings kaum ein stärkeres Motiv, weil der natürliche Mensch ein geborener Egoist ist. Es hat Schulen gegeben, die den Ehrgeiz zum Hebel im ganzen

System der Erziehung erhoben. Dies waren die Jesuitenschulen, über welche ein Aufsatz im Decemberheft (Nr. 12) der Zeitschrift für Protestantismus und Kirche vom Iahre 1838 verglichen werden mag. Man glaube auch nicht, dass der Ehrgeiz ein wirkliches Lernen erzeugt. Dieses gedeiht überhaupt nur im Element harmloser Hingebung an die Sache selbst. Ist aber der Ehrgeiz eigentlich und allein bei der Sache, die gelernt werden soll? Im Gegentheil, er will ja durch das Lernen die Ehre erwerben, diese ist das Ziel, jenes nur das Mittel. Man darf nur einen Ehrgeizigen haben lernen und studiren sehen; er lernt jeden Stoff, nicht um des Stoffes willen; dieser ist ihm ganz gleichgültig, sei es Griechisch, Lateinisch, oder Heraldik, oder Homer oder eine Reihe von Unsinn — wenn er nur sein Ziel damit erreicht. Der brave Schüler, der es mit seinem Gegenstand ernstlich meint, will seine Sache gut machen, ob der und jener nun über oder unter ihm sitzt; der Ehrgeizige denkt: mag mein Latein sein wie es will und wenn 100 Fehler darinnen sind, wenn nur keiner $99^1/_2$ hat. So erzeugt der Ehrgeiz nie ein wirkliches, sondern immer nur ein Scheinlernen. Der Ehrgeiz vergiftet aber ferner auch die Seele mit blassem Neide; auch für das Leben. Ja er kann sogar zu Verzweiflung und Selbstmord führen, wie ich wenigstens ein Beispiel dafür weiss, dass ein ehrgeiziger Schüler, der in den untern Klassen oben an sass, in den obern aber merkte, es gehe nicht mehr so wie bisher, eben desshalb faul und lüderlich wurde und endlich mit Selbstmord endete. Der Ehrgeiz des Schülers ist endlich auch ein Faulbette für den Lehrer und so ist dies Mittel auch nach dieser Seite gemein. Dennoch wird selbst von wohlwollenden Lehrern der Ehrgeiz der Schüler zu ihrem eigenen Faulbette gemacht. Dahin gehört das verabscheuungswürdige Strichsystem, nach welchem jede Antwort des Schülers je nach ihrer Beschaffenheit in einer Liste mit einem Striche bezeichnet und in die Location eingerechnet wird: da hat alle Harmlosigkeit in der Schule ein Ende; der Schüler denkt nur an den Strich dabei, nicht an die Sache. — Grundverschieden von diesem elenden Locations-Ehrgeiz ist das Ehrgefühl, αἰδώς, *pudor*; sein Wesen besteht in der *fuga turpium*, und dem Zurückschrecken der menschlichen Seele vor dem Schimpflichen, um das Ebenbild Gottes nicht zu entstellen. Diese zarte Scheu vor dem Schlechten muss in die Seelen gepflanzt und gepflegt werden. Wider Lüge, Betrug und geheime Sünden ist sie das einzige Mittel.

Also keine Plätze und keine Preise? Ich würde sie nicht einführen. In Preussen gibt es keine Plätze und Preise und doch vortreffliche Schulen. Der Gipfel des Unsinns war früher die in Gold gepresste Umschrift auf den Preisbüchern: „Dem Verdienste"! — Ein grober Unfug ist es, in der Religion Plätze zu machen, oder Religionspreise zu ertheilen. Das kleinste Uebel sind noch die Noten; aber ich sehe nicht ein, warum im Katalog gedruckt sein muss, dass der und der die Note I oder IV hatte. Nun vollends wenn man etwa liest, er ist der 76te. Und wie wurden diese Resultate hie und da gewonnen! z. B. nach einem Dictat, wo Kommata und dergleichen Fehler über seine Religionskenntnisse oder über seine Fortschritte in der Geschichte entschieden! — Da nun aber das Uebel der Plätze und Preise existirt, so muss man es dulden und es hat doch auch einen Nutzen, nämlich den, eine Vorübung für das Leben zu sein. Das ganze Leben enthält ja eine Kette von Ermuthigungen und Demüthigungen: das Schulleben, als Leben im Kleinen, bildet durch seine Locationen auch eine solche. Diese ertragen zu lernen ist ein grosser Gewinn. Auch geben sie die Uebung in der überaus seltenen Fähigkeit, sich vom Besseren neidlos übertroffen zu sehen; das können manche Menschen durchaus nicht. Das αἰὲν ἀριστεύειν καὶ ὑπείροχον ἔμμεναι ἄλλων ist nur der ersten Hälfte nach anzuerkennen; man soll seine Sache so gut als möglich machen aber nicht alle andern übertreffen wollen. — Probearbeiten an sich sind natürlich überhaupt nie zu verwerfen, weil sie eben eine Probe sind, Erlerntes ohne fremde Beihilfe zu handhaben — ein Nutzen, den die Erlaubniss Lexika oder gar Grammatiken zu benützen, wieder aufhebt — aber die gedruckte Location ist überflüssig und schädlich; und wenn auch die Plätze obige Vortheile haben, so sind doch die grössten Vorsichtsmassregeln nöthig. — Am Peinlichsten ist das Locationssystem für den wahren Jugendfreund, wenn er sieht, wie unverständige Eltern danach ihre Kinder beurtheilen. Es gibt eine gewisse Klasse von Leuten, auf welche der Locationsehrgeiz ungeheuer wirkt: wenn nur das Söhnlein eine gewisse höhere Nummer hat, sind sie ganz glücklich, und umgekehrt; dagegen ob es fleissig ist, weiter kommt, sich ordentlich bezeigt und benimmt, kurz ob auch der Lehrer mit ihm zufrieden ist, darnach fragen sie weiter nicht. — Auch den Schülern gegenüber ist Vorsicht nöthig; doch lassen sich diese leicht überzeugen; man darf nur den Locationen keinen andern Werth beilegen, als gewöhnlichen Arbeiten. Ich habe mich weder über ein gelungenes noch über ein misslungenes Locationsspecimen mehr echauffirt als bei einer gewöhnlichen Wochenarbeit. Manche Lehrer freilich reden Wochenlang vorher davon, als wär's eine Haupt- und Staatsaction. Besonders nachtheilig aber ist das Disputiren über die Fehler mit den Schülern; zwar kann der Schüler überall vom Lehrer Auskunft über die Correctur verlangen und wenn der Lehrer Autorität hat, so wird der Schüler, auch wenn er sich nicht überzeugen kann, doch dem Lehrer zutrauen, dass er es besser weiss; oder wenn der Lehrer aus Versehen eine Stelle missverstand, wird er die Correctur zurücknehmen. — Das Alles ist Pflicht. Aber es gibt auch ein hässliches Disputiren mit Sophistik gegen Sophistik — wenn sich ein Lehrer darauf einlässt, so ist er in der Regel ein ganzer oder ein halber Ignorant. Mitunter gibt es aber sogar Lehrer die noch mehr Locationen machen als vorgeschrieben sind, oder wol gar auf eigne Faust Preise aussetzen, damit ja der Ehrgeiz recht gehegt wird.

Das Lob ist dagegen nicht zu entbehren; aber es muss ein Act der Gerechtigkeit sein, nicht ein Act der Huldigung; sonst wird es eine nichtswürdige Lobhudelei und macht den Schüler einbildnerisch; Haupterforderniss ist, dass es wahr sei, darum hat man sich dabei des richtigen Ausdrucks zu befleissigen; so ist es eine gute Einrichtung des neuen Schulplans, dass Note I das Prädicat „sehr gut" bekommen hat. Auch sei man nicht zu freigebig mit dem Lob; wenn ich ein *Bene* unter eine Arbeit schrieb, so war es schon viel und machte den Eindruck der Ermuthigung und Freude über das Gelungene. — Im Ganzen aber bedarf es ja der äusserlich sichtbaren Belohnungen überhaupt nicht. Wenn eine Anstalt ihrem Geist und Unterricht nach gut ist, so fühlt jeder Schüler, dass er geistig und sittlich gefördert wird; dann ist gar keine Sehnsucht nach Preisen vorhanden, dem zwölften ist so wohl zu Muth als dem ersten.

Aber es bedarf doch irgendwelcher Motive zum Lernen bei dem Schüler; welches sind die rechten? Für einen Christen sollte das gar keine Frage sein, und der Lutherishe Katechismns leitet ja die Erläuterung jedes der zehn Gebote ein mit: Wir sollen Gott fürchten und lieben, dass wir etc. etc. Es ist also zuvörderst der Glaube, der in der Liebe thätig ist. Nun sind freilich viele Schüler religiös noch nicht so reif, um dieses Motiv zum Lernen sich anzueignen; aber es gibt auch noch andere Motive, die vor Gott und Menschen recht und gut sind: Liebe zu Eltern und Lehrern ist ein rechtes, ein heiliges Motiv. Verwandt damit ist die Liebe zum Vaterland; von diesem Motiv sollte in den Schulen häufiger Gebrauch gemacht werden; dann wäre dem hohlen leeren Geschwätz von Vaterlandsliebe bald ein Ende gemacht. Aber endlich kann auch die Liebe zur Sache selbst wirken. Gott hat alle seine Werke weislich geordnet. Warum reizen die Wissenschaften so tief? Weil man bewusst oder unbewusst mit der Empfindung forscht, man werde ewige Gedanken Gottes finden.

Man wende nicht ein: „die allerwenigsten Schüler sind für diesen Standpunkt empfänglich, aber für den Ehrgeiz jeder." Jenes ist nicht wahr; mir sind sehr wenig derartige Schüler vorgekommen. „Mache doch die Menge nicht allzuschlecht", sagt Plato. — Gegen das letztere sage ich einfach: der Zweck heiligt die Mittel nicht. — Und bei wem gar nichts fruchtet, der fühle das Gesetz.

16. Fortsetzung.
b) Strafen.

In Bezug auf die Strafe folge ich dem *consensus gentium*. Römer, Griechen, Germanen wussten nicht anders als dass dieselbe die doppelte Bedeutung der Vergeltung — und darin liegt die Anerkennung des Menschen als eines mit freiem Willen begabten Wesens — und Abschreckung hat: „der und der wird gestraft ihm selbst zur wohlverdienten Strafe und andern zum abschreckenden Exempel" lautet die alte Formel. So muss denn auch die Natur der Schulstrafe sein. Sie soll abschrecken, hat also die Tendenz sich entbehrlich zu machen: Einer wird gestraft, damit nicht alle, einmal damit nicht immer gestraft zu werden braucht. Die Strafe ist übrigens einer Münze gleich, welcher der Executor beliebigen Werth geben kann. Welchen Werth sie haben soll, steht bei ihm; er kann einem geringen Quantum von Strafe eine grosse Bedeutung beilegen. — Sonst wurde in der Absicht gestraft *„ut sentiat* die Bestie." Allein der rechte Ernst und die rechte Wirkung der Strafe hängt von dem sittlichen Gefühl ab, welches dadurch in der Seele des Bestraften hervorgebracht wird: nicht auf die Haut, sondern in das Herz soll die Strafe wirken. Wie kann man es aber dahin bringen, dass ein Minimum von Strafe doch in das Herz greift? Dadurch, dass man sie das letzte in der Reihe der Zuchtmittel sein lässt. Ermahnung, Warnung und Drohung muss vorausgehen, jene wendet sich an das bessere Ich des Menschen, die Warnung ist bereits an den „alten Menschen" gerichtet, und noch mehr die Drohung. Beide letztere sind zugleich mit tadelnden Worten verknüpft. Wenn aber diese Mittel nicht fruchten, so muss die Strafe unmittelbar folgen; nur darin liegt der sittliche Ernst, dass man nicht vergebens droht, denn es ist albern und verächtlich, wenn man täglich mit Drohungen um sich wirft, welche man aus Schwäche oder Bequemlichkeit doch nicht ausführt, oder auszuführen nicht die Macht hat. — Ich kann daher auch nicht mit Jean Paul übereinstimmen, welcher seinen einzigen Sohn nicht gleich nach einem Vergehen zu bestrafen, sondern auf eine gewisse Stunde zu bestellen pflegte; dies ist unrecht; denn es liegt etwas Unwahres darin.

Das Beste freilich wäre, wenn sich die Strafen gänzlich beseitigen liessen — und dies ist in sehr hohem Grade möglich, — wenn sie es aber nicht sind, dann gilt es wieder die rechte Art von Strafen anzuwenden. — Es gibt nämlich **absolut** verwerfliche Strafen. Die unsinnigste Art derselben sind die sogenannten Strafarbeiten. Wenn z. B. ein Fauler zur Arbeit gebracht werden soll, wird er sich gern an dieselbe gewöhnen, wenn man sie ihm recht geflissentlich zum Ekel macht? Diese Strafarbeiten sind nur ein Bequemlichkeitsmittel für den Lehrer. Die Hauptaufgabe ist ja vielmehr, dem Schüler das Arbeiten zur Lust zu machen; die geistige Arbeit ist eine Ehre des Menschen — und diese will man zu einem Strafmittel machen? Wenn es z. B. ein schwacher oder versäumter Junge ist, mit dem man es zu thun hat, dann gilt es ihn vor Allem in Pflege zu nehmen. Ein Schüler arbeitet vielleicht schlecht oder gar nicht: der Lehrer steigert seine Strafarbeiten — wird er dadurch geheilt werden? Das ist gewiss ein Verdummungssystem. So wollte man früher Orthographie dem Schüler beibringen; der Junge schrieb eine ganze Seite nur das nämliche Wort; bei der geistlosen Arbeit wurde er aber so oft gedankenlos, dass er es auf drei oder vier Arten schrieb und nun erst recht verwirrt wurde. Kurz dieses Strafarbeitsystem ist ebenso verwerflich, wie das Strichsystem. Eine Wahrheit liegt freilich in der Strafarbeit an sich: eine schlechte Arbeit muss noch einmal, aber besser gemacht werden. Das ist etwas Vernünftiges. Aber alle Vergehen z. B. auch Ungezogenheiten mit Strafarbeit zu strafen, ist der Gipfel des Aberwitzes und dies kommt mir gerade so vor, wie die früher üblichen akademischen Strafexamina für Studenten, die etwa einen polizeilich strafbaren Excess begangen hatten. Aber selbst das nochmalige Ausarbeiten eines schlecht gemachten Pensums würde ich nur einmal anordnen; sonst steigert sich beim Schüler nur der Ekel an der Arbeit. —

Absolut verwerflich ist ferner jede Strafe, die wie eine persönliche Rache aussieht. Sollte sich ja der Schüler gegen die Person des Lehrers vergehen, so soll dieser niemals Richter in eigener Sache sein. Er darf das Vergehen natürlich nicht ungeahndet lassen, aber er lasse den Rector die Strafe verhängen. Dagegen jene Wuth, die über den Schüler herfällt und nicht mit Ruhe straft, wirkt nur moralisch nachtheilig; jeder Schüler sieht dann den Lehrer nur so an, als lasse er rücksichtslos seinem Zorn freien Lauf, weil er die Macht habe, wenn auch die Strafe an sich noch so gerecht ist. — Gänzlich zu vermeiden sind Schelt- und Schimpfworte, die im gemeinen Leben dafür gelten; Schimpfen ist nicht eine Strafe, sondern eine Rache. Es sind seltene Ausnahmsfälle, wenn der Lehrer trotzdem bei den Schülern in hohem Ansehen steht. Damit soll nicht geleugnet werden, dass der Lehrer auch muss tüchtig schelten können; der phlegmatische Schüler glaubt sonst nicht, dass es ihm Ernst mit der Sache ist. — Noch weniger aber ist eine Strafe zulässig, welche wie eine Folter aussieht; früher waren solche vorzugsweise im Schwange.

Nicht absolut verwerflich, sondern nur durch Missbrauch und incongruente Anwendung schädlich sind körperliche Strafen im Knabenalter. Ich sage: es ist eine Thorheit und ein Unrecht, diese für das Knabenalter (bis etwa zu 13 Jahren) verwerfen zu wollen; das ist eine schwächliche Humanität. Diese

Strafen vertheidigt der *consensus gentium*. Bei den Athenern strafte nicht nur der Vater oder Verwandte so, sondern ein fast unumschränktes Züchtigungsrecht hatte sogar der Sklave, welcher Pädagog war; man vergleiche z. B. K. F. Hermann's Lehrb. der griech. Privatalterthümer §. 34, besonders Note 13 f. In England fragte einmal die Frau von Genlis den berühmten Burke, was denn das Geheimniss der Erziehung bei den Engländern sei? Er deutete statt der Antwort auf ein Wäldchen von Haselstauden*). Ebenso kehrte einmal der nachmals berühmte Fox aus Paris zurück und wollte sich in die Kleiderordnung des College nicht mehr fügen. Er wurde zu körperlicher Strafe verurtheilt und sein Vater, der fast die Welt regierte, schrieb ihm: er solle sich nur geduldig unterwerfen, selbst das Parlament von England könnte ihn nicht befreien. — Dieser *consensus gentium* stützt sich auf die Natur der väterlichen Gewalt, zu der ein Analogon die des Lehrers ist; Knaben können nicht gut erzogen werden, wenn man principiell Körperstrafen ausschliesst. Kein Vater wird sich principiell dies Recht nehmen lassen — ebenso wenig sollte man es dem Lehrer bestreiten. Oder sollte etwa der Vater weniger um die Ehre seines Kindes besorgt sein als der Lehrer? Gewiss noch mehr; und doch züchtigt er den Knaben. Der Grund davon liegt in dem Wesen des betreffenden Vergehens. Gewisse Vergehen fordern diese Strafe von selbst heraus. Sonst strafte man oft ein Kind mit den Worten: Du willst es nicht anders haben, du willst wieder Schläge. In diesen Worten liegt ein sehr

---

*) Vgl. K. L. Roth kleine Schriften II S. 151 f.

tiefer Sinn, dass nämlich dem Menschen als einem zurechnungsfähigen Individuum zugetraut wird, wenn er das Böse wolle, wolle er auch zugleich die Strafe dafür.

Welche Vergehen aber fordern die Züchtigung? Vor allem Bosheit und Eigensinn — natürlich müssen die Mittel der Geduld vorher erschöpft sein; aber es gibt eine Art von Bosheit und Eigensinn, die nur auf Schläge geht; diese müssen denn schliesslich auch angewandt werden. Wenn hier die Strafe empfindlich sein muss, so genügt dagegen eine mehr symbolische Strafe gegen Leichtsinn und Träumerei. Eine leichte Ohrfeige, die der Junge kaum zu spüren braucht, hat oft Wunder gethan; und nur in diesem Sinn möchte ich der Ohrfeige das Wort reden. — Aber eine sehr empfindliche Strafe ist schon in jungen Jahren nothwendig gegen absichtliche Ungezogenheit, besonders gegen unzüchtige Reden oder Handlungen; da erfordert es die Barmherzigkeit mit einer Seele, die ihrem Verderben zueilt; eine einzige solche Strafe kann eine Wohlthat für das ganze Leben werden. — Im Ganzen aber muss auch bei dieser Strafart nicht Strenge oder Liebe, sondern beides zusammenwirken. Ich empfehle natürlich nicht die Wiederkehr der alten Prügel als täglichen Brods, die doch keine Ordnung herstellen. Ueber die Form der Züchtigung befrage man einen alten erfahrenen Lehrer. Man strafe aber nie in leidenschaftlicher Gereiztheit so, lieber unterlässt man dann die Strafe ganz; nie lasse man dieselbe durch Schüler executiren; die züchtigende Hand sei in der Regel die Vaterhand des Lehrers selbst, damit ist der Strafe das Beschimpfende benommen; thut man es mit betrübtem Ernst, so wird man seinen Zweck nicht verfehlen; aber der Ernst, der wie ungerührte Eiseskälte aussieht, ist ganz verwerflich.

Auf gleicher Stufe in Bezug auf Verwerflichkeit oder Erlaubtheit stehen mit den Leibes- die Freiheitsstrafen. Deren giebt es dreierlei. Hausarrest, Klassenarrest, Carcer. Mit diesen wird ein ungeheurer Missbrauch getrieben. Das Zusammensperren ist vielleicht sittlich verderblicher als hundert Schläge gewesen wären; dies ist ein *seminarium summae nequitiae;* und so zeugt schon die Unersetzlichkeit der Leibesstrafe für dieselbe. Nie aber dictire man Klassenarrest ohne Aufsicht: dazu gehört freilich ein verlässiger Pedell, auch der Einzelne soll sich niemals ohne Aufsicht wissen, sondern in jedem Augenblick sich beobachtet glauben; denn lieber lasse man einen Knaben einen ganzen Tag frei herumlaufen, als nur eine Stunde allein einsperren. Wenn sich aber der Lehrer selbst zu den Arrestanten in's Zimmer setzt, bekommt die Sache einen ganz andern Anstrich; darum meide man überhaupt den Klassenarrest so sehr als möglich. Hausarrest kann nach vorhergehender Verständigung mit den Eltern angewendet werden. Das beste Mittel dieser Art wird, in kleinem Maasse angewendet, der Carcer sein. Eine Viertel- oder halbe Stunde Carcer wird gar manches gut machen; aber nie lasse man einen Schüler mehrere Stunden sitzen, ohne dass wenigstens ein paar mal nachgesehen wird; für Kinder gehört aber der Carcer überhaupt nicht. Die Wirkung der Strafe kann man steigern durch eine Nota im Jahreszeugniss u. dgl.

Ich komme zu den **nothwendigen**, höchst heilsamen Strafen, die den Fehlern congruent und so recht eigentlich gerecht sind. Wer nicht arbeitet, der soll auch nicht essen. In diesem Spruch ist das Mittel gegen die Faulheit ausgesprochen. Man lasse es durch die Eltern anwenden und es wird vortrefflich wirken. Hat Einer ein Pensum versäumt, so holt er es nach und macht das neue dazu. Schwatzhafte und unruhige Schüler muss man nach Anleitung der Natur selbst allein setzen. Der Zerstreute und Träumer muss seinen Platz in der Nähe des Lehrers erhalten, damit dieser ihn wecke. Missbrauch der Freiheit durch unverständiges Benehmen u. dgl. wird mit Entziehung derselben gestraft. Hausarrest kann hier sehr nützlich werden, bei stärkeren Vergehen beaufsichtigter Carcerarrest. Lüge und Verleumdung wird naturgemäss durch Entlarvung und Beschämung gestraft; der Lügner muss öffentlich widerrufen, der Verleumder ebenso Abbitte thun; eine Ehrenstrafe ist hier am angemessensten. Eine ungebändigte oder im schlimmen Sinn sinnliche Natur, die sich äussert in Trotz, Bosheit, unzüchtigem Wesen, Reden, Verführung, muss mit dem Stock gezüchtigt werden.

So kann ein taktvoller Lehrer natürlich hunderterlei Modificationen und Erfindungen in Strafen machen. Wirken aber die Strafen nicht und hat man ein paar Jahre vergebens sich bemüht einen Schüler zu bessern, so ist er unnachsichtlich von der Anstalt zu entfernen. Es giebt immer Individuen, die den Fleiss, den Gehorsam u. s. w. lächerlich machen. Diesen muss man entweder die

Klasse preisgeben oder sie sind zu entfernen; das Letztere hat auch unbedingt zu geschehen, wenn durch Einzelne die Sittlichkeit anderer gefährdet wird, und zwar ohne Rücksicht auf die etwaige Missgunst. Freilich gehört reife Erfahrung und tiefe Menschenkenntniss dazu, wenn man in dieser Weise einschreiten will; in unklaren Fällen unterlasse man es daher; ein Mittelweg ist der Rath an die Eltern, ihren Sohn freiwillig zu entfernen. Die Hauptrücksicht neben der auf die Anstalt ist die, ob nicht der Entfernte so den letzten sittlichen Halt verliert.

Ansicht von der Natur der Schüler.

Quilibet sumitur pro bono, donec probetur contrarium. Gegen diesen Satz hat man in wohlgemeintem Eifer bedeutende Einwände machen wollen; aber es soll damit natürlich nicht die böse Neigung der menschlichen Natur überhaupt geleugnet werden. Theologisch ist *bonus* nicht zu nehmen; denn in diesem Sinn ist Niemand gut als der alleinige Gott; sondern im bürgerlichen Sinn als rechtschaffen, der sich nicht mit groben Vergehungen befleckt: dann ist der Satz aufrecht zu erhalten; ja seine Anwendung ist oft das einzige Mittel zu einer an einem desperaten Individuum oder an ganzen Klassen zu vollziehenden Cur. Viele gehen auf kein Wort und keine Strafe mehr; sie sehen sich selber für desperat an, weil sie dafür gehalten werden. Wenn ein Lehrer ausspricht, er halte die ganze Klasse für Galgenstricke, kommt gewiss kein Funke von Vertrauen auf und diese Art der Behandlung hat eben dann noch dazu die schlimmsten Folgen für den Charakter. Man zeige doch ja keinen Argwohn sondern vielmehr Zutrauen. Wenn man z. B. bei Locationsarbeiten den Polizeispion macht, so ist das ganz unwürdig. Ich pflegte meinen Schülern zu sagen: „Ihr wisst, dass ihr redlich arbeiten sollt; Betrug wird streng bestraft; doch will ich gar nicht, dass ihr nur desswegen rechtschaffen seid, sondern ich baue auf euer Ehrgefühl; und nun macht was ihr wollt, ich bekümmere mich weiter nicht um euch." Damit arbeitete ich dann für mich und wehrte blos etwaigem Plaudern. —

Wie aber, wenn man einen Knaben als tadelnswerth kennt? Darauf gibt C. L. Roth die treffende Antwort: Gerade dazu sind die verschiedenen Klassen da, dass der Schüler in ihnen gleichsam ein neues Leben anfangen kann, so dass der Lehrer nicht nöthig hat merken zu lassen, er wisse alles was vorgekommen sei; sondern er behandle ihn als einen reinen und rechtschaffenen. — Die Anwendung dieser Behandlung durch mich und meinen damaligen Collegen Thomasius hat einst an einem Schüler erfreuliche Früchte getragen.

18. Rathschläge für den jungen Lehrer.

Ich will in diesem Paragraphen die Quintessenz vom ersten und zweiten Abschnitt geben. Ein Lehrer, der in jungen Jahren die Disciplin gut handhaben will, darf vor Allem in der Wahl des Berufs nicht fehl gegriffen haben. Man verwechselt oft Liebe zu den klassischen Studien mit dem Beruf zum Schulamt. Man prüfe sich daher selbst und hiezu empfehle ich eine Stelle aus C. L. Roth „Versuch über Bildung durch Schulen christlicher Staaten im Sinn der protest. Kirche" (Nürnberg bei Schrag 1825) S. 162 bis 164. Sie lautet folgendermassen: „Unreine, Unwahrhaftige, Ungerechte, Schlemmer, Gewinnsüchtige, Gefühllose, Ungläubige, Spötter des Heiligen, sind natürliche Verderber der Jugend und der Bildung. Aber auch Andere werden nicht zur Jugendbildung berufen oder bei diesem Geschäfte weniger brauchbar sein, welchen geringere Fehler ankleben. So die Ehrgeizigen, weil sie Amt und Schüler so behandeln, wie wenn dieselben für ihre Leidenschaft da wären; die Eiteln, weil sie nicht das Bildende, sondern das sehen, was ihr Ergötzen an sich selbst vermehren kann; weil sie nicht auf des Schülers Betragen in Hinsicht seiner Pflicht sondern nur gegen ihre Person merken; weil sie darum nicht gerecht, und weil sie nicht geachtet sein werden, indem sie immer der Jugend eine leicht erkennbare Blösse geben. Ferner die Bequemen, die Zerstreuungssüchtigen, die Spieler, weil ihre herrschenden Gedanken nicht auf den Beruf gerichtet sind, und weil man nicht in einem Stücke, etwa in Anwendung der Zeit, gewissenlos und in andern gewissenshaft sein kann; auch weil sie nicht gegen Unarten wirken können, denen sie selbst unterliegen. Ferner die Jähzornigen, weil sie Andrer so wenig als ihrer mächtig sind, und weil sie Vieles thun, was der Nachsicht bedarf, Nachsicht aber von Seiten der Schüler gegen den Lehrer der Achtung schadet; aber auch die welche nicht zürnen können, weil eine ganz gleichmüthige Anwendung des Gesetzes bei der Jugend keinen Eindruck macht, und weil sie Nichts auf nachdrückliche Weise thun. Ferner diejenigen, welche leicht geschreckt, beleidigt oder gebeugt werden, weil sie den Unannehmlichkeiten ihres Amtes unterliegen. Ferner diejenigen, welche im Unterrichte aller Heiterkeit entbehren; aber auch diejenigen, welche aus allem einen Scherz machen: jene, weil ihr Unterricht entmuthigend ist, diese, weil Lehrer und Schüler das, was geschehen soll, ausser Augen setzen. Ferner die Zerstreuten und Unklaren, weil zur Leitung Anderer immer Bewusstsein und Zusammenhang der Gedanken, klarer Vorsatz und entschiedene Sichtung gehört, ihre Gedanken dagegen vom Zufälligen abhängen; auch, weil sie die Bedürfnisse des einzelnen Schülers nicht erkennen, und also in's Blaue hinein, wie man sagt, arbeiten; endlich, weil sie die Anfänge der Unarten nicht merken, und desswegen in der Disciplin nicht stetig sind, sondern zwischen Hinlässigkeit und Hitze abwechseln. Zu den Zerstreuten sind auch diejenigen zu rechnen, welche im Unterrichte auf ihren geistigen Genuss vom Lehrstoffe ausgehen; denn sie sind zerstreut in Rücksicht auf ihre Schüler: wesswegen in einem gewissen Sinne wahr ist, dass ein Schulmann zu gelehrt sein könne. Ferner die Schwärmenden und Empfindelnden, weil nicht die Einbildungskraft, sondern der Wille vorherrschen muss; aber auch die Männer ohne Phantasie, weil ohne diese ein grosser Theil der Wirkung auf das Alter, in welchem genannte Seelenkraft am stärksten ist, hinwegfällt. Ferner die vorschnellen Bewunderer des Neuen, die eigensinnigen Verehrer des Alten, die im Wissen Selbstgenügsamen, die Repräsentirenden, weil sie alle etwas Anderes, als das Bildende suchen oder festhalten, auch selbst der Bildung entbehren. Ferner die Geschmacklosen, weil ihnen ein Haupterforderniss zum Urtheilen fehlt, und sie desswegen den Schüler irre führen werden; auch weil diejenigen Schüler, deren Gefühl von Natur das Richtige sucht, ihnen die Achtung entziehen werden. Ferner die, welchen in Ansehung der Kenntnisse Etwas von dem fehlt, was sie entweder insbesondere, oder was Alle wissen oder als Fertigkeit besitzen sollen; denn alles, worin ein Schüler sich auf Kosten des Lehrers überheben kann, ist ein Nachtheil für die Bildung. Endlich in den meisten Fällen diejenigen, welche in ihrem äusseren Benehmen etwas Belachenswerthes haben, weil bei ebendenselben nicht leicht so viel innere Kraft angetroffen wird, dass sie eine das Lachen überwindende Achtung erzeugt. Natürlicher Weise trifft das die Lehrer an Volksschulen, wie an Gymnasien; denn da beider Zweck die Bildung ist, so sind die, welchen der Beruf zur Jugendbildung mangelt, von beiden gleich ferne zu halten." —

Doch auch nach der Wahl des Berufs, d. h. wenn sich Jemand nach dieser Selbstprüfung für befähigt hält zum Lehrer, hat er wichtige Pflichten zu beobachten. Nur Einiges hievon. — Der Lehrer suche sich eine Klasse, die seiner Persönlichkeit angemessen ist, und ziehe ja nicht etwa aus Eitelkeit eine höhere Klasse vor. Es ist keine Schande, an dem Platze zu stehen, für welchen man taugt, und nur sehr wenige werden in jungen Jahren schon dem reiferen Jünglingsalter gegenüberstehen können. Man diene von der Pike auf; das ist ein Glück; aber einige wissenschaftliche Stunden soll der junge Lehrer auch in den obern Klassen geben, auch wenn er Assistent ist. Es sind aber auch noch weitere Dinge erforderlich; vor allem Sachkenntniss, Repetition der Elemente; gerade in den untersten Klassen ist die grösste Sicherheit des Lehrers erforderlich; dann tadelloser Fleiss überhaupt; den eigenen Unfleiss verzeiht sich der Schüler sehr leicht, den des Lehrers aber nie. Aber auch Geduld ist vonnöthen und zwar in hohem Grade. Diese kann man sich freilich nicht durch einen Entschluss auf einmal geben; es ist die reife Frucht gediegener Charakterbildung. An Stärkung seiner Willenskraft aber muss der Lehrer ebenso arbeiten wie an seiner wissenschaftlichen Bildung. Doch auch hier gilt des Dichters Wort: Es bildet ein Talent sich in der Stille, sich ein Charakter in dem Strom der Welt.

Wenn ein Lehrer diese Eigenschaften in sich vereint, so wird er wohl über seine Klasse Herr werden; allein es gibt eben Ausnahmen auch. Wo nun ein Attentat auf seine Autorität gemacht wird, muss es sofort ernst und strenge, aber auch mit ruhiger Würde gestraft werden. Gerade das imponirt dem Bösartigen, dass man sich nicht in Harnisch bringen lässt, sondern die Sache ruhig aufnimmt und verweist. (Rector Meierotto in Berlin hat einmal das ganze ungezogene Gymnasium decimirt.) Freilich muss der Lehrer, auch der Assistent, mit vollster Strafgewalt begabt sein; das versteht sich ganz von selbst. Jeder, der in einer Klasse zu lehren hat, muss darin Rector sein, so lange er lehrt. Aber ebensosehr muss er sich vor Missbrauch seiner Strafgewalt hüten. Manche indirecte Beleidigung muss man wohl anfangs übersehen, auch darf man nicht empfindlich sein und Alles auf sich beziehen; am meisten aber hüte man sich, den Schülern Reiz zum Lachen zu verschaffen. Man sei z. B. sorgfältig und anständig in der Kleidung, das muss dem Knaben gegenüber beobachtet werden. Auch hüte man sich vor Seltsamkeiten und groben Missgriffen nach dieser Seite. Wenn aber einmal der Muthwille gegen einen neuen Lehrer so recht eigentlich gegen dessen Person gerichtet ist, so sei er, namentlich anfangs, nicht Richter in eigener Sache. Er erkläre dies mit ein paar Worten und dass er die Sache dem Rector anzeigen werde; dauert der Muthwille fort, so schliesse er die Stunde. Freilich wird der vernünftige Rector dann eine exemplarische Strafe verhängen und wenn sie bis zur Dimission stiege. —

F. A. Wolf schrieb einmal (*consilia scholast.* zusammengestellt von Körte p. 84 Nr. 8): „Nur eine ausserordentliche Liebe zu dem Geschäft, zu der Jugend selbst, und eine von echter, innerer Religiosität ausgehende Neigung, für die nächsten Generationen zu arbeiten, kann die unsägliche Mühe, die mit diesem Stande verbunden ist, erträglich machen. Auf Belohnung darf er nicht rechnen, kaum auf Anerkennung. Sein Eifer muss von der Ueberzeugung ausgehen, dass sein Amt die höchste

Würde habe, — dass der Dank dafür in dem Herzen seiner besseren Zöglinge fortlebe" etc. etc. — Dies ist nun besser geworden; aber wahr ist es, um das Bisherige kurz auszudrücken: der Lehrer muss ein Mann sein, und zwar ein gewissenhafter und getreuer Mann und ein Mann der Liebe und Geduld. —

Dritter Abschnitt.

Didaktik im engeren Sinne.

I. Sprachunterricht.

19. Allgemeines.

Wie weit der Sprachunterricht der Grundidee nach quantitativ auszudehnen sei, ist hier die erste Frage. Es ergeben sich uns zunächst die Gegensätze zwischen Muttersprache und fremden, die sich wieder theilen in alte und neue, in orientalische und occidentalische; der Gegensatz zwischen barbarischen und gebildeten bleibt hier natürlich aus dem Spiele. Die Möglichkeit der Ausdehnung ist nun darin gegeben, dass Jeder neben Latein und Griechisch unschwer noch eine neue und eine orientalische Sprache erlernt. Durch rechte Ausbildung des Sprachgeistes in den klassischen Sprachen wird die Erlernung der andern auf ein Minimum von Mühe reducirt. Dennoch muss die Erlernung aller andern Sprachen (ausser Latein, Griechisch und Deutsch) facultativ sein, der *ingenia* wegen; denn die Forderungen der Idee werden beschränkt durch die Wirklichkeit. Zu Hebräisch und Französisch soll man daher Niemanden zwingen. Im Grunde giebt uns ja auch keine Sprache etwas Wesentliches, das wir nicht im Deutschen, Lateinischen und Griechischen schon hätten; denn dies sind die universellsten Sprachen. Darum kann ein weniger begabter Mensch an diesen dreien genug haben.

Neben der quantitativen Ausdehnung haben wir aber die dem Inhalte nach zu besprechen. Hier steht die formelle Sprachkenntniss gegenüber der materiellen Kenntniss der Schriftsteller. Erstere ist die *conditio sine qua non* für die letztere; blose Sprachkenntniss ohne Lectüre ist aber ebenso grauenvoll als lesen wollen ohne Sprachkenntniss; dem eigentlichen Philologen stehen beide in unzertrennlicher Verbindung. — Darum ist die formelle Sprachkenntniss so weit auszudehnen, dass die Schriftsteller gelesen und verstanden werden können. Sie ist mit allem Nachdruck zu betreiben und muss sich sehr wesentlich unterscheiden von der Art, wie etwa ein Commis voyageur sein Französisch lernt; dies ist eine $\dot{\epsilon}\pi\iota\sigma\tau\acute{\eta}\mu\eta$ $\breve{\alpha}\nu\epsilon\upsilon$ $\nu o\tilde{\upsilon}$; im Gymnasium handelt sich's aber um wahre Bildung. Naturgemäss muss nun der formelle Sprachunterricht im Knabenalter vorherrschen und wenn die nöthigen Resultate gewonnen sind, kann er im Jünglingsalter zurücktreten. Aber es ist auch bei den Knaben das rechte Mass zu halten; früher that man hierin merkwürdiger Weise zu wenig, indem man im Griechischen z. B. den Dualis nicht mitlernen liess; jetzt ist die umgekehrte Gefahr vorhanden, indem man besonders in der Accentlehre auch wieder zu weit geht. Kriterium soll sein: In der Schule bleibt alles weg, was in der Sprache nicht nachgewiesen werden kann als Erzeugniss des

Gedankens. Wer aber z. B. nach Mehlhorn's Grammatik, der gründlichsten in der Formenlehre, Unterricht ertheilen wollte, thäte sehr Unrecht. Die Lehre vom Apostroph, von Krasis und Synizese kann wohl für die Erklärung des Hiatus genügen; dagegen müssen die Accente gelehrt und es muss danach gelesen werden, denn der Accent gehört im Griechischen ebensogut zur Natur des Worts wie in andern und in unsrer Sprache. Es ist ein Fehler und vergebens, die Schüler nach der Quantität lesen lassen zu wollen denn accentuiren heisst nicht lang aussprechen. Wol mochten die Griechen beides zugleich, Accent und Quantität, berücksichtigen, vorherrschend aber den Accent; denn die heutigen Griechen lesen sogar Verse nach dem Accent. Man begann ihn zu bezeichnen, als das Griechische sich in der ganzen Welt ausbreitete und seine Betonung gefährdet schien; dass aber das jetzt noch übliche Accentsystem aus der Natur der Sprache geschöpft ist, zeigt sich auch darin, dass die Griechen jetzt noch dasselbe haben und ganz genau nach dem Accent sprechen. Ueberdiess behaupte ich, dass es in ganz Deutschland keine zwanzig Menschen giebt, die im Griechischen nach der Quantität zu lesen verstehen.

Für die Ausdehnung der Lectüre der Schriftsteller ist aber als Ziel aufzustellen, dass der absolvirende Gymnasiast es zu einer genussreichen Lectüre der überhaupt genussreichen Schriftsteller in den gesunden d. h. kritisch unverdorbenen Partieen gebracht habe. Während in Frankreich wenigstens *in praxi* ein andrer Grundsatz gilt (vgl. Held Briefe aus Paris v. 1830, wo er einen Auszug aus dem *Journal des Débats* gibt): „*on les explique (les auteurs), mais on ne les sait lire*": fordern wir, dass der Abiturient seinen Xenophon, Homer, Krito, Apologie, Cicero, Livius, Virgil, Horaz lesen könne und zwar meist so wie seinen Schiller. Wenn die Lectüre bei den minder schwierigen Autoren stehen bleibt, ist der Verlust mehr nur ein quantitativer. Darin liegt die Berechtigung unserer sogenannten isolirten Lateinschulen: hier kann zwar Virgil nicht gelesen werden, aber deren Schüler können den Cornelius Nepos, ja den Cäsar, wohl auch den Ovid lesen; tüchtige Lehrer haben die Möglichkeit bewiesen. Dass man an Gymnasien so wenig lehrt, die Schriftsteller zu lesen, ist der Grund von dem Misscredit, in dem jetzt die klassischen Studien stehen. —

Das Ziel ist also nicht das Sprechen und Schreiben der alten Sprachen, wol aber ist letzteres Probe und Masstab und Mittel zum Zweck. Denn man muss in einer Sprache geschrieben haben, um einen Autor derselben lesen zu können; die Handhabung der Sprache macht uns mit ihren Kräften vertraut; der Flug des Genius wird nur dann recht anschaulich, wenn man ihm nachzufliegen versucht; dies hat Goethe wohl gewusst, als er in Italien selbst Bildhauer zu werden sich bemühte. So in der Sprache; wer nur liest ohne zu schreiben, wird von tausend Dingen, die den Kenner in Bewunderung versetzen, keine Ahnung haben. Pestalozzi führt auf Kenntnisse und Fertigkeiten allen Unterricht zurück. „Es ist vielleicht das schrecklichste Geschenk, das ein feindlicher Genius dem Zeitalter machte: Kenntnisse ohne Fertigkeiten." (S. K. v. Raumer

Gesch. der Pädagogik III. Theil 2. Abtheilung S. 5 Note). Darum sind gewisse Unterrichts-Gegenstände für gewisse Altersstufen geradezu unsinnig, wie wenn man zwölfjährigen Knaben Theorien über Ackerbau, über Technologie und dgl. vorträgt. — So muss man denn auch die Sprache nicht nur kennen, sondern können.

Specielle Sprachen.
20. Die Muttersprache.

Wenn wissenschaftliches Erforderniss alles gedeihlichen Sprachstudiums Sprachvergleichung ist, diese aber nur durch das Maass der Muttersprache erzielt werden kann, so ergiebt sich von selbst, welche Stellung der Unterricht in der Muttersprache im Gymnasium einzunehmen hat. In diesem Punkt unterscheidet sich die alte und neue Schule sehr wesentlich. Sonst verachtete man die eigene Muttersprache vor dem Latein so, dass es möglich war aus dem Munde von Schulrectoren den Satz zu hören: „diese Sprache der Höckerweiber müsse man vor allem vergessen."

Man hatte eben den Werth der Sprachvergleichung noch nicht erkannt. — Diese darf nun aber nicht bis in die höheren Klassen verspart werden; sie muss auch die Seele des Elementarunterrichts bilden und gleichsam unwillkürlich muss die Muttersprache zur Erläuterung herangezogen werden, wie wenn man z. B. dem Knaben erklärt: der Lateiner sagt: der

Garten ist ein schöner, *amoenus*, nicht *amoene* wie der Deutsche „schön."

Deutscher Unterricht in formaler Beziehung.

In dieser Hinsicht ist als Lehrprincip festzuhalten: Die Muttersprache ist nicht durch die Grammatik, sondern durch Uebung und Handhabung zu lernen. Das Grammatikalische kann nur bei der Correctur von Verstössen oder bei der Vergleichung mit andern Sprachen vorkommen; überhaupt gehört das Reinigen der Muttersprache im Einzelnen der Schule als Geschäft an. Dies ist meine feste Ueberzeugung, die aber jetzt Gottlob mehr verbreitet wird. Vgl. J. Grimm's Vorrede zu seiner Grammatik; Wackernagel über den Unterricht in der Muttersprache im vierten Theil seines Lesebuches. Stuttgart 1843; insbesondre aber R. v. Raumer „der Unterricht im Deutschen" in K. v. Raumer Gesch. der Pädagogik. III. Bandes 2. Abtheilung S. 17 ff. — Erwiesen wird die Richtigkeit dieses Princips einmal durch die Erfahrung — welche Pein macht den Knaben die deutsche Grammatik! — dann aber auch durch die *ratio*. Es liegt ein innerer Widerspruch in der systematisch-grammatischen Behandlung des Deutschen bei Knaben; denn lernen kann man nur was einem noch fremd ist; das ist aber die Muttersprache nicht, und doch soll man sie als ein fremdes Object auffassen? Ich höre den Einwand: Der Schüler wähnt ja nur, seine Muttersprache schon zu kennen! Aber ich frage: Ist denn für den Knaben schon die Philosophie der Sprache vorhanden? Ein vernünftiges Erfassen der Sprache kommt bei ihm weit eher an der Sprachvergleichung zu Stande, jene falsche Methode aber kommt mir gerade so vor, als wenn man dem Kinde, damit es gehen lerne, die Mechanik des Gehens beibringen wolle. Also für die unteren Klassen ist dieser formale Unterricht peinlich und unnütz; der Schüler der oberen Klassen aber hat auf dem Wege der Vergleichung mit fremden Sprachen schon so viel Kenntniss der eigenen erlangt, dass jener überflüssig ist. — Dagegen habe ich nichts gegen den Unterricht im Altdeutschen, an welchem die Geschichte der Sprache zur Anschauung kommt; nur aber in der Oberklasse und auf der Universität räume ich ihm eine Stelle ein, nimmermehr bei Knaben.

Nun sollen aber die Schüler den richtigen Gebrauch ihrer Muttersprache nach jeder Seite hin lernen. Vor Allem müssen sie deutsch reden lernen und daraus folgt für den Lehrer die Pflicht selbst richtig und rein zu sprechen; denn sonst versündigt er sich nicht blos gegen die edle Muttersprache selbst sondern auch gegen seinen Beruf. Ich meine damit nicht, dass er einen Anflug von Provincialdialekt gerade ängstlich bei sonst gutem Deutsch zu meiden hat, sondern ein schlechtes, rohes Deutsch. Aber natürlich sind die Schüler ebenso zum guten Sprechen anzuhalten. Zu diesem Zweck müssen alle Lehrer zusammenhelfen; einem allein gelingt es nicht. Dazu kommt noch eine Schwierigkeit, dass nämlich nicht allen deutschen Volksstämmen die Zunge gleicherweise gelöst ist; die Sprachgabe ist in einem grossen Theil von Norddeutschland jedem Individuum angeboren. Wichtig ist es auch, den Schüler zu gewöhnen jeden angefangenen Satz ordentlich hinauszusprechen, wenn auch selten der Erfolg davon schon auf der Schule zum Vorschein kommt. —

Zweitens soll jeder Schüler ordentlich lesen. Leseübungen in den unteren Klassen sind nicht gering zu achten. Bei jedem Lesen in der Schule aber ist die grösste Sicherheit und Sorgfalt zu fordern. Wie viel darauf ankomme sieht man am besten am Hebräischen. Die Stufenfolge ist dann: in den untern Klassen ganz einfache Leseübungen ohne Declamation, in den oberen ein aesthetisches Lesen und dann Declamiren im rechten Masse. Früher legte man auf Declamation aus Eitelkeit ein zu grosses Gewicht; dann wurde sie gänzlich verbannt. Das rechte ist etwa, alle 14 Tage eine Stunde darauf zu verwenden, dass man einzelne Schüler vortreten lässt und in anständiger Recitation übt. So muss schon in den untern Klassen das Hersagen von Gelerntem geleitet werden, insbesondre darf das Herunterleiern nicht geduldet werden; dies schadet dem Charakter. Dann muss das rechte Mass eingehalten werden. In den höheren Klassen muss ein Gedicht von Jedem ganz recitirt werden; die besten sind zum Muster, die schlechtesten zur Besserung vorzurufen. —

Drittens muss der Schüler auch seine Muttersprache schreiben können. Hier haben die Gymnasien einen unendlichen Vortheil vor anderen Anstalten; denn jede gute Uebersetzung ist eine Uebung im Deutschen. Wer gut übersetzt und seine Schüler dazu verständig und nachdrücklich anhält, der leistet für die Bildung der deutschen Sprache ausserordentlich viel — mehr, als wenn er jede

Woche zwei deutsche Aufsätze machen liesse, die oft mehr verderben als nützen. Die grössten Meister der deutschen Sprache haben in ihrer Schule keinen einzigen deutschen Aufsatz gemacht; man darf daher die Wichtigkeit dieser Aufsätze nicht übertreiben. Der übertreibenden Partei — denn für entbehrlich sollen diese Uebungen auch nicht gelten — gehört Deinhardt an, der in der Encyclopädie des gesammten Unterrichtswesens von Schmid Heft 4 p. 313 eine Abhandlung hierüber hat; doch hat Schmid derselben eine gemässigtere und gesundere und wahrere sogleich selbst beigefügt. — Um aber diese Uebungen richtig leiten zu können, muss man sich vor Allem vergegenwärtigen, was sie eigentlich sein können. Eür's Erste: Erzeugnisse des Gedächtnisses. Diese als die leichteste Art hat daher die Anfangsübung zu bilden. Man erzählt etwas und lässt es zu Hause nachschreiben, oder lässt Berichte über Geschehenes, über eine Reise und dgl. machen. Dabei darf man den Anfänger aber nicht wegen unwichtiger oder ungeschickter Sachen beschämen; dies stört die Naivetät; nur die Sprache ist zu verbessern. Zweitens: Erzeugnisse der Phantasie. Solchen Stoffen bin ich sehr gewogen. Wenn z. B. Cäsar's *bellum Gallicum* gelesen wird, kann man daraus die schönsten Erzählungen, Schilderung von Situationen, oder Thaten der gallischen Freiheitshelden zusammenstellen lassen, die ohehin in Cäsar's Schilderung etwas zurücktreten, also z. B. den Schülern aufgeben die Geschichte des Ambiorix auszuziehen. Oder hat man die Anabasis mit Schülern gelesen, so giebt's auch hier interessante gefahrvolle Situationen. Man sagt den Schülern etwa: denkt euch, ihr wäret als Gemeine dabei gewesen und beschreibt nun die Scene so, wie sie der einzelne Soldat etwa nach seinen Begegnissen erzählen würde. Oder: Xenophon beschreibt das Ereigniss von griechischer Seite; stellt euch auf Seite der Perser und beschreibt es in deren Sinn; oder: denkt euch, Xenophon versammelt das Heer und dankt ihm für seinen Muth; in der Rede lässt sich recapituliren, was das Heer gethan hat; oder lasst einen Lochagen dem Xenophou für seine Leitung etc. danken. Oder in höheren Klassen nach der Lectüre einer Ciceronianischen Rede: Denkt euch, ein junger Athener hat diese Rede mit angehört und berichtet nun seinem Rhetor über den Erfolg des Cicero, über seine Behandlung der Sache, über den Vortrag. — In dieser Weise lassen sich eine Menge Themen erfinden, welche von den Schülern gerne bearbeitet werden und wenn anders der Schriftsteller mit Verstand gelesen ist, auch ohne besondere Schwierigkeit gemacht werden können.

Eine weitere Gattung der Arbeiten sind Erzeugnisse des Verstandes. Diese zerfallen wieder in drei Arten. Die erste ist durch Concentration zu gewinnen: Auszüge aus einem grösseren Ganzen. Einen erschöpfenden Auszug zu machen ist nicht leicht. Da muss die Disposition vorausgehen; Zufälliges herausnehmen heisst noch nicht excerpiren. Diese Uebung ist nun ausserordentlich nützlich. So sollte auch jede in den Klassikern vorkommende Rede kunstgerecht disponirt werden; dabei ist Hauptaufgabe, das geistige Agens ersichtlich werden zu lassen, das den Redner selbst vorwärts treibt, so dass man nicht blos ein Gerippe giebt als Abbild der Gedankenfolge, sondern zugleich das formgebende Princip darstellt, kraft welches die Rede sich gerade so gestalten musste. Manche Rede von Cicero und Demosthenes lässt sich so disponiren z. B. die Sestiana, die vom Kranz. Freilich ist es auch oft recht schwer, ja kaum erreichbar, zumal wenn ein Redner seine Rede selbst mehr zusammengesetzt hat. — Ferner gehören hieher Erweiterungen und Erklärungen. Vieles von dem zu Lesenden versteht man nicht sogleich sachlich; der Lehrer giebt nun eine Erklärung und für den Schüler giebt die schriftliche Nachentwicklung oft die hübschesten kleinen Aufsätze z. B. über einzelne Horazische Oden, über einzelne Chöre, wo man die Striche des malenden Dramatikers ausmalen und aufquellen lassen kann zu einem ganzen Bild (z. B. die Ode: *Persicos odi puer apparatus).* — Drittens kann man auch Beurtheilungen, besonders ästhetische, aufgeben. Dies geschieht am besten durch Vergleichungen z. B. zwischen Virgil und Homer. Bei Homer verspricht die Here dem Hypnos eine Gemahlin; die Virgilische Juno ebenso dem Aeolus; oder Odysseus, vorher in seinen Mantel gehüllt und stille weinend, gibt sich darnach zu erkennen $εἴμ'$ $Ὀδυσεὺς$ $Λαερτιάδης$ u. s. w. — eine der grossartigsten Stellen (*Od. ι, in.*); der Virgilische Aeneas spricht *Sum pius Aeneas* u. s. w. — ist Virgil in der Nachahmung dieser Situationen glücklich gewesen? Dergleichen Themata können von einer guten Oberklasse allenfalls mit einiger Anleitung recht gut bearbeitet werden.

Aber auch in niederen Klassen kann man Themata der Art geben: Hat Timoleon recht gehandelt, dass er seinen Bruder ermorden liess? Dabei ist aber der Maasstab vorher festzustellen.

Eigentlich schöpferische Productionen, wo man Alles aus sich nehmen muss, dürfen nur freiwillig sein. Verlangen kann man dergleichen von der Jugend noch nicht. So wurden zu meiner Zeit in der Oberklasse am Ansbacher Gymnasium Aufsätze nicht mehr aufgegeben; jeder Schüler lieferte alle zwei oder drei Wochen freiwillige Arbeiten; der Rector **Schäfer** corrigirte sie alle.

Nachdem so der Umfang und die Art der Aufgaben bezeichnet ist, habe ich noch zu warnen vor **fehlerhaften Aufgaben**. Zu meiden sind solche, die den Gedanken des Schülers einen zu weiten Spielraum lassen z. B. „Geschichte der Kreuzzüge" — das ist ein Unverstand —, ebenso aber solche, welche denselben zu eng einschliessen z. B. „Ist die Nothlüge erlaubt?" Jch weiss nicht, ob selbst der begabteste Schüler hierüber einen „Aufsatz" schreiben kann. Aber auch der *tractatio* des Schülers darf man nicht zuviel zumuthen, indem man Aufgaben stellt, die eine Kunst der Behandlung verlangen, die vielleicht nur der grösste Meister besitzt. Hieher gehören die sogenannten „leichten" oder trivialen Themata z. B. Nutzen der Geschichte; über die Wohlthätigkeit u. s. f.; das giebt in der Regel Arbeiten, die ein heilloses leeres Geschwätz enthalten. Vollends, wenn man gar Themata stellt, die den jungen Gymnasiasten zu einem Aesthetiker oder Philosophen machen, wie man z. B. in Norddeutschland hin und wieder Charakteristiken und Entwicklungen selbst von politischen Verfassungsfragen aufgegeben hat — das heisst den Schüler zum Schwatzen verführen und die ächte Productivität ausschöpfen. Wenn man Selbstbekenntnisse, Entschlüsse oder überhaupt Sentimentalitäten verlangt, so ist dies nur eine Verführung zur Lüge. — In Bezug auf die Form der Themenstellung ist zu merken, dass man nicht etwa ein einzelnes Dictum hinstelle, sondern man muss die Frageform wählen, damit der Schüler weiss, was er soll, z. B. Warum ist das Leben der Güter höchstes nicht? — Die Chrie (cf. Seyffert *Scholae lat.* II. Thl.) kann auf einer niedrigeren Stufe des Unterrichts sehr nützlich werden. — Im Allgemeinen werden historische Themata, bei denen die Phantasie thätig sein muss, die besten sein.

Das Allerschwerste aber sind die Correcturen der deutschen Arbeiten; denn zu diesem Zwecke muss man Rhetorik studirt haben. Ich kenne keinen grösseren Meister in diesen Dingen als Döderlein. Es fragt sich, was man denn corrigiren soll, da man doch nicht umschreiben kann. Im Einzelnen sind Fehler gegen den grammatischen und rhetorischen Ausdruck, dann gegen Logik und Gedankenverbindung zu corrigiren. Der häufigste Fehler aber in Aufsätzen aller Art, auch Predigten, ist das Abschweifen vom Thema, indem man durch irgend etwas Gesagtes eine scheinbare Anknüpfung für etwas ganz Anderes zu haben glaubt. Zur Vermeidung dieses Fehlers gehört Nachdenken und eine strenge Logik; ein paar Seiten mit zufälligen Gedanken zu füllen ist leicht; darum verfallen besonder schwächere Schüler so leicht darauf. Diesen Fehler muss man im concreten Fall recht anschaulich machen. — Für die Correctur im Ganzen ist zu merken, dass das Thema mit den Schülern durchgesprochen werden muss und zwar nicht vorher; nein, nachher ist die nöthige Behandlungsweise zu zeigen, indem man entweder eine Disposition dictirt oder mündlich das Thema in freiem Vortrag ausführt und besonders zeigt, wie die Gedanken einander fordern; die Durchsicht ist hauptsächlich dazu da, dass der Lehrer Stoff bekommt, mündlich anzuregen. Schulrath **Bomhard** in Ansbach hat die Aufsätze alle selbst mitgemacht und dann den Schülern hingegeben, um nun einen Gegenaufsatz zu machen. Das ist eine äusserst rühmenswerthe, fruchtbare Treue. — Wie kommt es wohl, dass die deutschen Aufsätze auf Gymnasien in der Regel so schlecht gerathen? Ich denke, weil die Gedanken bei manchen Individuen erst in gewissen Jahren kommen; dann giebt sichs von selbst: *verbaque provisam rem non invita sequuntur;* „Es trägt Verstand und rechter Sinn mit wenig Kunst sich selber vor".

Die sogenannten **freien Vorträge** der Schüler, welche die Gewandtheit besonders des Sprechens und Denkens üben sollen, mögen beibehalten werden unter éiner Bedingung. Wenn solche Vorträge eine Uebung in freier Handhabung der Sprache sein sollen, so dürfen sie nicht vorher aufgeschrieben und auswendig gelernt sein. Hier ist mein Rath: man gebe ein (leichtes) Thema dem Einzelnen etwa 10 bis 15 Minuten vorher, damit er die Hauptgesichtspunkte aufsuche und lasse ihn dann frei dasselbe entwickeln. So lange blos auswendig gelernte Aufsätze hergesagt werden, hat die Sache keinen bedeutenden Nutzen.

Materielle Kenntniss der deutschen Schriftsteller.

Welche Erklärungsweisen der deutschen Schriftsteller sind falsch? Erstens die falsch historische, wenn man z. B. zum „Rudolf von Habsburg" von Schiller, die Geschichte des historischen Rudolf durchnehmen wollte; dann die Vorempfindung des im Text Gesagten — diese geben nur ungesunde Naturen; drittens die falsch philosophische. Ein wahres Muster, wie man es nicht machen soll, giebt in dieser Beziehung Hinrichs' Buch über Schiller. Diese Art ist die tiefste innere Unwahrheit, und auch eine unerhörte Unnatur.

Als positive Norm möchte Folgendes anzunehmen sein. Bei vielen Gedichten würde ich mich mit blosem ausdrucksvollen Vorlesen vollkommen begnügen z. B. beim König von Thule. So etwas will nicht erklärt, sondern geschaut und empfunden sein. Will man aber Gedichte erklären, so frage man: was sagt denn der Dichter eigentlich? so sieht man am besten was er meint. Doch ist es schwer, die Kernpunkte herauszufinden. Viele wissen sich etwas damit, wenn sie fordern, der Schüler solle die Idee des Gedichts angeben. Das ist in neunundneunzig Fällen unter hundert eigentlich eine Thorheit. Dem Dichter ist der Stoff das *prius*, dieser wird allerdings dann belebt durch die Idee, die an ihm erwacht. Grosse Dichter sagen nicht, sie haben eine schöne Idee, sondern einen vortrefflichen Stoff gefunden, aus dem sie ein Gedicht machen wollen. Darum wird auch nicht die Idee, sondern die Behandlung derselben durch den Dichter in den meisten Fällen die Hauptsache sein. z. B. im „Gang nach dem Eisenhammer" liegt der Satz: Gott nimmt die fromme Unschuld in Schutz gegen die Bosheit, die in ihre eigne Grube fällt. Diesen trivialen Gedanken durch ein Gedicht auszuschmücken war gewiss Schillers Absicht nicht; er hat seinen Stoff anderswoher; das Gedicht ist dadurch so schön, dass er die epische Form der Behandlung so gut traf. Der „Ritter Toggenburg" ist der Form und Behandlung nach eines der vorzüglichsten; der Ritter ist ein Held, nicht ein Schwächling — darin liegt das Gegengewicht, warum der Franzose ihn nicht einen *imbécile* nennen durfte. Der Lehrer, welcher den vom Dichter beabsichtigten Eindruck am besten vermittelt, ist der beste Erklärer; er soll nicht wünschen, dass in seinen Schülern die Erinnerung lebe, der und der Lehrer hat den Schriftsteller am besten erklärt, denn nicht die Person des Lehrers soll sich in der Erinnerung vor den Schriftsteller drängen. Wer bewirkt, dass die Schüler sagen: Homer oder Sophocles oder Livius sind herrliche Schriftsteller — der hat ihn gut erklärt, weil die Bewunderung dem Geist des Schriftstellers, nicht dem Scharfsinn seines Erklärers gilt. Den Autor, nicht sich mache man vor den Schülern glänzend.

Aufgaben zu Stilübungen aus deutschen Autoren unterliegen den allgemeinen Regeln.

Ob Vorträge über Literaturgeschichte etwas wirken, ist sehr die Frage. Wenigstens dürfen sie nicht die Wirkung haben, wie sie berichtet wird in jener verbürgten Anecdote, nach welcher ein Student von einem Professor gefragt wird, ob er denn das und das Stück von Shakespeare nicht gelesen habe? Und wie er nach der verneinenden Antwort aufgefordert wird, den Shakespeare doch ja zu lesen, entgegnete er verwundet, er habe ja Gervinus' Vorlesungen über Shakespeare gelesen, wozu noch ihn selbst? So mag es *mutatis mutandis* öfter gehen. Literaturvorträge geben keine Kenntniss der Literatur, sondern setzen sie voraus; und namentlich soll mir ein Philolog nicht kommen, der seine Kenntniss der alten Klassiker und ihre Beurtheilung nur aus den Vorträgen und Urtheilen über Literaturgeschichte geschöpft hat. — Jedenfalls gehören solche Vorträge nicht allgemein auf das Gymnasium, sondern auf die Universität; im Einzelnen mag man, wenn man bei Schülern das Bedürfniss nach Literatur vorfindet, ihnen das Beste privatim empfehlen und mit ihnen darüber sprechen; insbesondere thue man dar, dass man das Beste selbst kennt.

Diese Anleitung zur Privatlectüre ist vonnöthen, weil die Literatur leider auch viele Erzeugnisse hat, die aus einem wahren Giftpfuhl erwachsen. Nun haben die Schüler weniger die Neigung, ihr Interesse der Behandlung als vielmehr dem Stoff zuzuwenden; es muss recht viel und sonderbares, abenteuerliches Zeug in der Lectüre vorkommen; dann ist sie pikant! So denken die Schüler, und die neuere pathologische Literatur, die aus Frankreich zu uns herübergefluthet ist, kennt die menschliche Neugierde zu gut und legt es darauf an, die Nerven des Lesers in fortwährender Spannung und Ueberreizung zu erhalten, wie etwa „die Geheimnisse von Paris" von Eugen Sue und ähnliche grundverderbliche Bücher. Das Kriterium des Aechtklassischen ist, dass man es je öfter je lieber liest, selbst wenn seine Grösse anfangs kalt liesse; das Nichtklassische dagegen regt nur die Neugierde durch ein stoffartiges Interesse an, die dann auch sofort verschwindet, sowie man den Inhalt einmal gelesen hat; sie ist befriedigt, man liest die Sache nicht mehr, und merkt sich auch nichts davon. Wenn es daher einer Anstalt gelingt, dass die Schüler nicht in den Leihbibliotheken heimisch werden, dann hat sie etwas geleistet. Doch soll der Schüler nicht nur Göthe und Schiller kennen, sondern auch Klopstock, Lessing (nur nicht den Nathan), Hölty, Bürger, Tieck (aber nicht die Novellen), insbesondere Uhland und Jean Paul. Der Jüngling vertiefe sich in Jean Paul; Gervinus (in seiner Nationalliteratur) hat ihn nicht verstanden.

21. Latein. Allgemeines.

Latein wollen wir lernen, wir mit den Schülern, diese mit uns. Unter Erlernthaben aber ist ein bewusstes Können und Haben desselben zu verstehen. Die Aneignung desselben ist nun nur möglich durch Wegräumung der natürlichen Scheidewand zwischen der eigenen und der alten Sprache, der Geist der lateinischen Sprache und der unsere müssen zusammenfliessen. Dies ist das anzustrebende Ideal, mag nun der

Erfolg sein, welcher er wolle. Demnach ist zu erlernen: die Formenlehre, die Grammatik, der Sprachschatz. Die Aneignung des Sprachschatzes hat man seit etwa zweihundert Jahren ganz übergangen; diese Lücke muss aber ausgefüllt werden; dazu habe ich auch meine lateinische Stilistik für Deutsche geschrieben und in der Vorrede (zur ersten Auflage) hierüber das Nöthige bemerkt. Man hat aber auch darin lange gefehlt, dass man selbst Formenlehre und Grammatik einseitig auseinandergehalten hat; es wurden zuerst Formen und nichts als Formen gelernt, dann Grammatik und nichts als Grammatik; was sonst haftete, haftete nur zufällig. Dagegen das Rechte ist, dass diese drei Elemente in einander greifen. Seit einigen Decennien nun kam gegen den früheren Usus eine Reaction auf, und man versprach der mit Grammatik geplagten Jugend jetzt durch eine neue Methode binnen sechs Wochen beizubringen, was sie sonst in sechs Jahren gelernt hatte. Diese Methodenjäger trieben den Teufel durch Belsebub aus. Die Methodenjäger sind Ignoranten; auch Hamilton und Jacotot (denen sich dann in der Hauptrichtung Ruthardt anschloss). Sie beginnen den Unterricht nicht mit den Elementen der Sprache; sie lassen die Sprache vielmehr in Bausch und Bogen lernen; nach einer Methode, wie wenn etwa ein Klavierlehrer seinen Unterricht mit Beethovenschen Symphonien begänne. Der Unterschied zwischen beiden ist folgender.

Der Engländer Hamilton († 1831 in Dublin) wollte sein Ziel durch wörtliches Uebersetzen nach den Grundbedeutungen (abgesehen von ihrem Sinn an der betreffenden Stelle) erreichen und veranstaltete zu diesem Zweck Interlinearversionen. In der Regel verwendete er zunächst — dies war der Anfang — eine lateinische Uebersetzung des Evangeliums Johannes, unter deren Worten in einer Zwischenlinie die Grundbedeutung des Wortes stand, so dass die Interlinearversion von Cap. I Vers 4 f. so lautet: „In selbem war Leben, welche Leben (den) Menschen (der) Licht Quell erstand. Leuchtete (die) Licht zwischen Finsternissen, welche sie nicht zusammengriffen (*comprehenderunt*).“ So wurde denn das griech. γεωργὸς constant übersetzt: der Erdwerker; ἐκλαθόμενοι Ausverborgengewesenseiende. — So wollte er das Ganze auf einmal lehren, während er doch mit seiner Wörtlichkeit nur das Allereinzelnste lehrt und statt des Bildes der Sprache nur eine Caricatur gibt. —

Der Franzose Jacotot dagegen gab eine in gutem Deutsch gedruckte Lateralversion seinem lateinischen Text bei. Durch Heuristik d. h. durch Rathen und Combiniren sollte nun der Schüler die unbekannte Sprache finden; gerade wie man etwa Keilschrift und Hieroglyphen mit Hilfe der *inscriptiones bilingues* entziffert. Er ist der rationell gewordene Hamilton. Dazu gehört aber der Grundsatz, den er auch an die Spitze stellt: Alle Menschen haben gleiche Intelligenz; und weiter: Jeder Mensch hat von Gott die Fähigkeit erhalten, sich selbst zu unterrichten und bedarf keines Lehrers; ja ein explicirender Lehrer schadet. Den Universalunterricht hat Niemand begriffen, der sich nicht für fähig hält, seinen Sohn in Dingen zu unterrichten, welche er selbst nicht versteht. Dies sind Worte des Jacotot und er belegt sie mit seiner eigenen Erfahrung als Lehrer des Holländischen, Russischen und der Musik. Das erinnert denn freilich an den alten Vers: „Hans Voss heisst er, Schelmenstücke weiss er, was er nicht weiss das will er lehren." (Nach Raumer; vgl. Gesch. der Pädagogik III, 1. S. 74—90.)

22. Lateinischer Unterricht. Grammatik. Erste Stufe: Formenlehre.

Man beginne mit den Elementen, gebe sie historisch, überliefere von vorne herein sehr wenig Stoff, aber das Gelernte muss gleich verwendet werden zum Verständniss und zur Bildung von Sätzen und zu eigener Handhabung der Sprache, kurz zur Praxis; man mache den Schüler seines Besitzes dadurch froh, dass man ihn etwas damit anfangen lässt.

In der Declination muss man ausgehen auf Verringerung des (früher üblichen) Lernstoffs. Diese muss eintreten, erstens durch Weglassung alles eigentlich Wissenschaftlichen; denn von Wortstämmen, Casusendungen, Buchstabenverwandlungen hört der Knabe beim Erlernen des Griechischen. Ferner sind alle griechischen Declinationen und Wörter im Elementarunterricht zu beseitigen; also fort mit *exodus, synodus, methodus, levir* u. a. unlateinischen Wörtern Dann muss durch gemeinsame Behandlung des Verwandten die Sache den Knaben erleichtert also z. B. das Adjectiv gleich mit dem Substantiv erlernt werden. Auch müssen die Genusregeln verringert werden und insbesondre ist aus den gereimten Regeln aller unnöthige Ballast zu entfernen. —

Ueberhaupt genügt für den Anfangsunterricht wol ein Elementarbogen, wie er am Erlanger Gymnasium in Gebrauch ist*). — Princip beim ganzen Elementarunterricht aber ist sofortige Verarbeitung des Gelernten in Sätzen. Dazu gehört nun freilich, dass die Schüler Wortkenntniss erlangen. Darum ist es nothwendig Vocabeln lernen zu lassen und die gelernten immer wieder und alle Tage zu repetiren; auch darf die Anordnung keine zufällige dabei sein, sondern zunächst gebrauche man ein etymologisch geordnetes Vocabularium (wie das Döderlein's), dann ein phraseologisches (wie es Herold in seinem Vademecum zusammengestellt hat).

Um aber Sätzchen bilden zu können, ist es nothwendig gleich von vorne herein die Formen *est*, *sunt*, *fuit*, *fuerunt*, *habeo*, *habes*, *habet*, mitzutheilen oder gleich die Präsentia der Conjugationen mechanisch lernen zu lassen. Auf solche Sätze muss sich aber der Lehrer gewissenhaft vorbereiten, wie denn überhaupt methodische Vorbereitung für die unteren Klassen die Hauptsache ist. Bei dieser Gelegenheit lernt der Schüler durch mündliche Uebung gleich den Gebrauch der Casus kennen und weiss dann mehr vom Ablativ, als dass *mensa* nur vom Tisch heisst. Dabei ist die deutsche Sprache auf eine kindlich einfache Weise als Vehikel der Erklärung zu brauchen. Die Uebungen müssen aber gleich von vorn herein doppelt sein, die Uebersetzung aus dem Latein und ins Latein muss neben einander hergehen, doch so, dass letztere überwiegt. Das Latein aber, welches man dem Schüler bietet muss das reinste

---

*) Deicherts Verlag. Preis 6 kr.

ächteste Latein sein. Oder darf man etwa am Anfang des Gesangunterrichts C für D singen? *Quo semel est imbuta recens servabit odorem testa diu.* Nebenbei kommen natürlich bald auch Pronomina vor, und auch da führe ich ein paar Kleinigkeiten an, deren frühe Erlernung vor vielen später mitunter kaum auszurottenden Schnitzern bewahrt. *Ipse* heisst ich selbst, du selbst, er selbst u. s. w. — *Idem* der nämliche (nicht: derselbe), das nämliche = einerlei. Der Unterschied zwischen *quis* und *qui* muss, der von *quisque, quilibet, quivis* und *omnes* kann gelegentlich angebracht werden; unter fünfundzwanzig merken dergleichen doch fünf gute Schüler gleich aufs erste Mal. — Für die Verba gilt insbesondre der Satz, dass man die Wissenschaft für die Methode benützen muss. Ein acht - bis neunjähriger Schüler kann die deutsche Conjugation nach den Temporibus recht wohl unterscheiden; die Modi fasst er gewiss noch nicht. In dieser Beziehung bedarf der Elementarunterricht einer bedeutenden Reform. Es giebt im Latein und im Griechischen auch eine starke und schwache Conjugation nach dem Charakter der Verba, ob sie *pura* oder *muta* sind. Die lateinische schwache Conjugation ist die sogenannte erste, zweite und vierte mit den drei Stammlauten a, e, i; hieher gehören die wenigsten Stammverba und die meisten abgeleiteten. Diese drei Conjugationen sind als éine zu lernen; man nimmt diejenigen Formen zuerst, in denen nichts wechselt als der Charakterbuchstabe. Die starke Conjugation enthält die meisten Stamm-Verba, deren Kennlaut ein Consonant oder ein u, das vocalisirte v (Digamma), ist. Nun zeigt man, dass auch hier dieselben Endungen gebraucht werden: aber mit Bindevocalen verbunden: *leg-ĕre* (aber *docēre!*), *leg-i-s*, *leg-i-mus* u. s. f. *Am-em audiam, s-im, vel-im, (indu-im)* giebt man rein historisch (es ist aber die eigentliche Endung *im* z. B. *ama-im = amem*); mit Sprachvergleichung und Erklärungen darf man hier ja nicht kommen. Die Perfecta und Supina sind gruppenweise einzulernen, etwa in der Art wie sie Kühner und Billroth hat. Wenn so eine Partie der Flexionsformen eingelernt ist, so müssen sie gleich in der nächsten Stunde durch Doppelübungen auch befestigt und verarbeitet werden, und bei dieser Gelegenheit lässt sich nebenbei gleichsam mechanisch eine Menge von syntaktischem Stoff einüben, gleichsam insgeheim; das fördert und erfreut den Schüler selbst viel mehr. Z. B. die Rection der Verba, Präpositionen, ein bischen Participia, vielleicht auch den *Ablativus absolutus* z. B. zur Zeit des Winters *hieme*, zur Zeit des regierenden Romulus *regnante Romulo (Expulsis regibus* eigentlich: zur Zeit der vertrieben gewesenen Könige); dann geht man erst zum causalen Abl. *abs.* über (das ist aber eben kein Abl. *abs. caus.*, sondern er ist nur auf eine verbale Structur angewendet). Auch der Accusativ mit Infinitiv muss bald dran. Man erlaube sich einen kleinen Betrug. Ich sehe das Pferd laufen ist ein scheinbarer *Acc. c. inf.* (laufen ist eigentlich Particip wie ὁρῶ σε ἐρχόμενον), aber durch solche Sätzchen (ich sehe dich gesund sein *video te salvun esse*) lässt sich einstweilen der Gebrauch dem Anfänger beibringen.

Dies ist keine Methodenjägerei (denn diese entspringt aus Ignoranz, die sich so zu verhüllen sucht), sondern es ist die rechte Art der Vereinfachung des Unterrichts, die freilich, wie alle Methode, nur durch rechte Einsicht in die Sache herbeigeführt wird. — So kann es ein Jahr lang fortgehen; die Uebungsbücher und die Specimina (d. h. Wochenarbeiten) bilden den Kern der Uebungen; letztere müssen so bald als möglich zusammenhängend sein; der Lehrer muss sie selbst ausarbeiten und im besten Latein geben.

Vielschreiberei ist aber beim Elementarunterricht zu meiden; namentlich das Declinationen- und Conjugationenschmieren; dies ist nur die Kehrseite von dem sonst üblichen verstand- und gedankenlosen Hersagen von Paradigmen. Das meiste muss in der Schule geschehen: hier spanne man den Hauptnerv der Thätigkeit der Knaben an und glaube nicht, dass man es mit Hausarbeiten herausreisse. Am allerwenigsten aber benütze man solche Dinge zu Strafarbeiten, über welche ich mich überhaupt schon ausgesprochen habe. Umgekehrt aber kann man den Schülern versprechen, wenn sie dies und jenes gut gelernt hätten, wolle man ihnen etwas lateinisch erzählen; wenn man so das Latein zur Belohnung macht, hat man ausserordentlich viel gewonnen.

23. Lateinischer Unterricht. Zweite Stufe: Syntaktischer Unterricht.

Als Motto möchte ich hier voranstellen: Wichtig ist Alles, schwierig nur Einiges, am schwierigsten die Auffassung der Periode. — Schon auf der ersten

Stufe liess sich ein Quantum grammatischen Stoffs angewöhnen; auch auf der zweiten muss Theorie und praktische Doppelübung Hand in Hand gehen. Das Hauptgeschäft ist Einübung der Syntax nach der Folge eines Uebungsbuches. Ein recht brauchbares fehlt uns leider noch. Wir brauchen wieder etwas der Art wie früher Gröbel's Uebungsbuch war; dies ist nach Inhalt und Kenntniss des Latein vielleicht eines der geistlosesten, aber nach der Form, die ihm zu Grund liegt, eines der besten Bücher; es ist eine praktische Anwendung des an der Spitze stehenden Grundsatzes: *repetitio est mater studiorum*. Man müsste sich bei einer neuen Bearbeitung an eine der besten Grammatiken anschliessen und Beispiele auswählen, die weniger geistlos sind. Einen so verbesserten Gröbel wünsche ich dem Elementarunterricht sehr; denn auch in seiner früheren Gestalt verdanke ich ihm sehr viel; wenn ich Latein gelernt habe, danke ich es ursprünglich ihm.

Soll man nun aber Syntax rationell oder blos historisch lehren? Mit diesem „rationell" ist viel Unfug getrieben worden; man muss daher auf seiner Hut sein; allerdings ist eine philosophische Theorie der Casuslehre vor Knaben ein Unsinn, denn Philosophie gehört nicht für den Knaben; gleichwol darf man auch hier das Kind nicht mit dem Bade ausschütten; denn es giebt einzelne Spracherscheinungen, die eine rationelle Erklärung herausfordern. Man lasse also den Unfug weg und erkläre die scheinbar abnormen Structuren rationell d. h. nicht philosophisch, sondern etwa mit Hilfe des Deutschen. So muss dem Knaben die Construction von *opus est* ein Räthsel sein, das er gelöst haben möchte; man sage ihm: wörtlich übersetzt heisst es: das Werk geschieht durch das und das, oder *liber mihi opus est* das Buch ist mir die Sache die es gilt. *Pudet me tui* ist zu erklären als *pudor pudet me tui*, das Subject ist latent, *me* ist Objectsaccusativ, so dass *p. pudet me* so viel ist als *pudor me afficit etc.*, der Genitiv ist causal: Schamgefühl kommt mich an wegen deiner. *Mea interest* = *mea causa* (*Abl.*) *interest*. So lassen sich dem Anfänger eine Menge fremdartiger Erscheinungen durch die Muttersprache anschaulich und bekannt machen und dies Mittel darf man nicht verschmähen oder vernachlässigen; später kann man dann eine Theorie der Casus, Tempora, Modi, und Genera geben, die man aber nicht *a priori* hineintragen darf (wie G. Hermann fälschlich die Kantischen Kategorien auf die Grammatik angewendet hat), sondern an der Sprache selbst erkennen muss. — Oft versäumt man auch gewisse Unterschiede gleich Anfangs klar zu machen, was sich später schwer rächt. Man bringe dem Anfänger in der Syntax doch vor Allem den Unterschied zwischen Redetheilen und Satztheilen bei. In Bezug auf die Satztheile ist über das Prädicat mitzutheilen, dass es in eine Apposition verwandelt und umgekehrt diese in ein Prädicat aufgelöst werden kann. Im *novi te bonum virum* ist das Object *te* begleitet von seinem Prädicat *bonum virum; te bonum virum* enthält in sich *tu es bonus vir*. Der Deutsche kann das Prädicat zu seinem Object machen und das lateinische Object von einer Präposition abhängen lassen: Ich erkenne einen guten Mann in dir.—

Ferner muss der Unterschied zwischen Haupt- und Nebensatz, Vorder- und Nachsatz, also zwischen den **Periodentheilen**, klar gemacht werden. Der Nachsatz ist eine Species des Hauptsatzes und Nebensatz ist die Gattung zur *species* Vordersatz; Vordersatz ist derjenige Nebensatz, der seinem Hauptsatz vorangeht. Auch sind die Grade oder Functionen der Nebensätze klar zu machen; zu diesem Behuf gewöhne man die Schüler früh an die Schematisirung der Perioden durch Buchstaben, wobei für Nebensätze verschiedener Grade constant verschiedene Alphabete verwendet werden müssen. Man lehre insbesondere den Doppelbezug der Nebensätze wie z. B. des a zu α und A in dem Beispiel A, a, α: Ich habe deinen Bruder gesprochen, nachdem er von der Reise zurückgekehrt ist, die er gemacht hat. a ist Nebensatz zu A und Hauptsatz zu α. So muss an deutschen Beispielen das für den Anfang Nöthige erläutert werden. — Die Verbindung der Periodentheile beruht auf den Relativis und Conjunctionen. Beim Relativ ist der Anfänger hinzuweisen auf seinen Bezug; dieser kann aber ein gedoppelter sein, entweder auf einen Satztheil und hier wieder auf ein Substantiv oder einen andern Redetheil (vgl. *Liv. 8, 38 extr. Adgredere, quod inter praedandum omni multitudini evenit, dissipatos. Raros equis insidentes, raros quibus ferrum in manu sit invenias;* u. ä.) oder aber auf einen ganzen Satz, ja oft auf ganze Perioden, wie in den häufigen Uebergängen: *quae cum ita sint; quo audito* u. dgl. Die grössten Schwierigkeiten bereiten dem Anfänger die Conjunctionen; ich kenne gar keine Grammatik, in welcher die Theorie derselben ordentlich abgehandelt wäre. Ich will einige Beispiele geben, wie man dieselben klarer und für den Anfänger besonders übersichtlicher darstellen kann.

Das deutsche vieldeutige **dass** kann z. B. übersetzt werden mit *ut*. Der Lehrer muss nun wissen und nachweisen, dass dieser Proteus *ut* eigentlich nichts anderes heisst, als „**wie**"; dass überhaupt alle lateinischen Ausdrücke für **dass** im affirmativen Satze auf ein Wie zurückgehen (wie ja auch ὡς, ὅπως, ἵνα, ὄφρα, οἷα relative Formen sind), z. B.

1) *ut* der Absicht: Ich gebe dir Geld, dass du dir ein Buch kaufest: *ut — emas* (ὡς ἂν ἀγοράσῃς oder ἀγοράσειας) eigentlich: wie, auf welche Weise du dir wohl kaufest. Es ist eigentlich ein hypothetischer Hauptsatz dritter Art in Form eines Relativsatzes.

2) *ut* der Folge. Er ist so gross, dass er den Himmel berührt: *ut — attingat*; (τοσοῦτος ὅσος ὢν ἂν ἅψαιτο) eigentlich: wie gross seiend er berührt.

3) *ut* bei Ausdrücken der Furcht. Ich fürchte, dass er nicht kommt = es ist mir bange, auf welche Weise er kommen kann: *ut — veniat.* Vgl. *ad Attic. 12, 24, 1: qui possem timebam.*

4) *ut* der Vergleichung: *Epaminondas ut Thebanus fuit eloquens.*

5) *ut* im Verhältnissatz: *Pater, ut ferus est, (sc. ita) me conjecit in carcerem.*

6) *ut concessivum. Ut desint vires;* Ellipse von *fac;* gehört also zum *ut* der Folge.

7) *ut* wünschend; eigentlich in directer Frage; in der Regel mit *nam: utinam hoc fiat!* πῶς γὰϱ ἂν γένοιτο τοῦτο; das einfache *ut* hat z. B. Terent. Heaut. *4, 2, 6*. Adelph. *4, 7, 1*.

Aehnlich lässt sich *quod* auflösen: der vorhandene Umstand, dass.

Quo, dass, ist auch eigentlich nichts als: auf welche Weise; daher die Verwandtschaft mit *ut* cf. Caes. b. Afr. *54: quo ceteri dissimiliter se gerant*. Sall. Cat. *33: neque quo pericula aliis faceremus*. Dann ist *non quo = non ut* und vertritt eigentlich einen hypothetischen Nachsatz dritter Art; z. B. *dico hoc non quo te laudem* = nicht wie, wenn ich redete, ich dich loben würde. Daher kann auch *non quod* dafür eintreten, weil „nicht damit" hier so viel ist als „nicht weil."

Quominus ist eigentlich „wie nicht", *minus = non*; vgl. auch Cic. fam. *7, 1, 6: Me quadam epistola subinvitaras ut ad te aliquid ejus modi* (des Inhalts) *scriberem, quominus* (= *ut non, ut ne*) *te praetermisisse ludos poeniteret*, dass es dich nicht gereuen möge. Vgl. das Gegentheil *quo magis* — in affirmativem Sinn; verschieden von *ut eo magis* damit desto mehr — Bell. Afr. *91: Nec minis nec precibus suis moveri, quo magis (ut) se reciperent*.

Am schlimmsten kommt in der Regel *quin* weg. Dies ist ebenfalls: wie nicht; *qui ne* (manchmal freilich auch *= qui, quae, quod etc. non*) vgl. *satin', ain'?*

So ist *quin imus* eigentlich ein Fragesatz = πῶς οὐκ ἴμεν; es steht

1) nach negirten *Verbis affirmantibus* z. B. *facere non possum quin te laudem*, ich weiss es nicht anzustellen, wie — nicht;

2) nach negirten *Verbis negativis*
- a) zweifeln = nicht gewiss wissen; daher nach *non dubito*, ich bin ungewiss, wie dies nicht sein sollte. Nie nach *dubito* allein.
- b) *non recuso, quid est causae etc.*
- c) *non moror (cunctor) etc.*
- d) *non multum abest etc.*

Für reifere Schüler kann man bemerken: *quin* ist griechisch τὸ μὴ οὐ. — Eine Anmerkung muss ich über die Construction des nicht negirten *dubito* machen. *Dubito num* ist verwerflich; es kommt wol nur einmal vor. Der Lateiner lässt immer einen Fragesatz folgen. z. B. *Dubito sitne hoc verum* (*scil. an falsum*). Cic. Fam. 13, 55: *quam bene positurus sis officium, dubitare te non existimo. Dubito quam recte feceris* (in welchem Grade). Cic. Fam. 15, 21: *Nullam apud me reliquisti dubitationem, quantum me ames* = dass — sehr. *Dubito (utrum hoc falsum) an hoc verum sit*, die Affirmation neigt sich zum zweiten Glied, daher hier das erste wegbleibt und übersetzt werden muss: ob nicht.

Quum ist ein relatives Adverb; *quum: qui* = ὡς : ὅς, *tum : qui* = τώς : ὅς, dem Gebrauch nach:
1) = *eo tempore quo;* dann hat es den Indicativ
- a) einfach = zu der Zeit, in welcher —,
- b) durch den Zusammenhang nicht nur: zu der Zeit wann, sondern auch: allemal wann, so oft als. Hier setzt der Lateiner in Ermanglung des Optativs den Indicativ des Imperfects oder Perfects: *Quum ver esse coeperat, Verres dabat se laboribus atque itineribus.*

c) Der Satz mit *quum* steht auch hinter dem superordinirten, bekommt aber dann durch die Umstände und den Zusammenhang eine doppelte Function, und bezeichnet:

α) den raschen Fortschritt der Erzählung zu einem entscheidenden Moment, oft mit *subito* oder *repente* = kaum — so, kaum — da (als, und).

β) die Gleichzeitigkeit einer Nebenhandlung mit der Haupthandlung, meist mit *interim* vgl. *Cic. Verr. 5, 62: Caedebatur virgis civis Romanus, quum interea nullus gemitus, nulla vox audiebatur nisi haec: civis Romanus sum,* „während indess."

2) = *eo quod*

a) causal: desswegen weil

α) mit Indicativ. Diese Construction ist freilich nicht in die Prosa überzutragen; aber bei Dichtern kommt sie doch vor.

β) mit dem Conjunctiv; dies ist das Gewöhnliche, weil meistentheils der Grund gedacht wird als hergenommen aus der Seele eines andern. Hieher gehören auch folgende Fälle:

γ) zeitlich-causal: Als Cäsar über den Rubicon gegangen war — ist nach der Vorstellung des Lateiners ein Causalsatz = da C. g. w.

δ) das concessive *quum* z. B. *Tantum ille mihi non tribuit quum sit amicus meus* ist eigentlich auch causal (= da er doch ist), nur eben oppositionell: er der doch ist, *qui sit.*

b) = dadurch dass, darin dass, damit dass etc. *Eo quod hoc dicis erras* wird *Quum h. d. e.* Man verwechselt dies *quum* oft fälschlich mit *si.* Dies supponirt etwas, enthält also einen Zweifel, dagegen *quum* bezieht sich auf etwas bereits Gegebenes. —

Betrachten wir endlich noch *dum*. Dies hat zwei Hauptbedeutungen:

1) **Während, so dass**
   a) entweder zwei Handlungen einander parallel laufen: *dum Lycurgi leges vigebant, florebant res Lacedaemoniorum;*
   b) oder die eine Handlung durch die andere unterbrochen wird.
2) **Bis**. Hier scheiden sich zwei Fälle. Die Nebenhandlung, der *terminus ad quem*, ist nämlich von der Haupthandlung
   a) nicht abhängig z. B. er prügelte den Knaben bis es 12 Uhr schlug; denn 12 Uhr schlägt es nicht eher und nicht später, mag jener prügeln oder nicht: Hier steht *dum c. indic.;*
   b) abhängig, durch die Haupthandlung herbeigeführt und soll es auch, z. B. er prügelte den Knaben, bis er gestand.

24. Lateinischer Unterricht. Dritte Stufe: Sprachvergleichende Stilistik.

Wie die zweite Stufe gelegentlich in der ersten vorbereitet und mitangebracht wird, ebenso auch die dritte in der zweiten. Der erste Haupttheil dieser Stufe beschäftigt sich mit der Frage: wie verhält sich der deutsche Sprachschatz zu dem des Lateinischen? Hierüber habe ich in der Vorrede zu meiner Stilistik gesprochen. Aber man gewöhne die Schüler so bald als möglich an die Verwendung bedeutungsreicher Substantiva und Verba (z. B. *auctor, condicio, afferre, referre, afficere* u. s. w.). Für die eigentliche Stilistik hat man ja die vier Klassen des Gymnasiums. Es gehört aber dazu eine sachgemässe und vernünftige Direction des Lateinschreibens. Dieses selbst ist nur Mittel zum Zweck, es muss aber sprachvergleichend und zweitens sehr fleissig betrieben werden. Am Nürnberger Gymnasium hatten wir neun Stunden für Latein zu verwenden, fünf davon fielen den Autoren, die andern vier den lateinischen Stilübungen in der Weise zu, dass zwei Stunden schriftliche Wochenspecimina bearbeitet und die andere Hälfte auf das mündliche Uebersetzen eines Uebungsbuches verwendet wurde. War ein Stück durchübersetzt, so fragte der Lehrer, welcher von den Schülern nun das Ganze lateinisch ablesen könne. Dies waren sehr nützliche Uebungen. Aber den grössten Theil der Themen muss der Lehrer selbst machen, entweder indem er selbst eine kleine Abhandlung schreibt, oder deutsche Stoffe, theils alte, theils neue, bearbeitet. Dies ist nöthig schon um desswillen, damit, was unten geschehen muss, auch oben fortgesetzt werde: nur so ist es eigentlich möglich, dass der Schüler das im Laufe der Woche Gelernte am Schluss derselben sogleich verarbeiten kann. Der Unterricht wird um so praktischer und lebendiger, je mehr der Lehrer selbst mit den Schülern arbeitet; diese fühlen es dann, dass ihr Lehrer das Latein selbst kann, das er ihnen beibringt. Dadurch wird nicht nur der Respect vor dem Lehrer wachsen, sondern er arbeitet auch an seiner eigenen Fortbildung damit. Namentlich aber in gewissen Klassen z. B. der vierten lateinischen und der ersten Gymnasialklasse, wo es darauf ankommt, recht viele Sprachformen zur Anwendung zu bringen, ist es nothwendig, die Themata auch dem Inhalt nach selbst auszuarbeiten. Man schreibe sie zuerst lateinisch oder griechisch, dann übersetze man sie erst in's Deutsche, um dies den Schülern zu dictiren. —

Ein Unsinn ist es, an den Neulateinern, etwa an Muret, die Schüler einüben zu wollen. Zumpt hat ein derartiges Uebungsbuch geschrieben; auch Creuzer. Die Neulateiner, sagt man, lägen uns viel näher. Was sind aber die Consequenzen? Nur die, dass die Kluft zwischen uns und dem Alterthum recht geflissentlich erhalten wird. Erreichen kann man den Cicero freilich nicht, das ist wahr; aber sollen wir denn eigentlich den Cicero, den Livius u. s. w. nachahmen? Hat Gottfr. Hermann, Lobeck, hat Ruhnken irgend einen der Alten nachgeahmt? O nein; nur recht Latein gelernt haben sie und es durch ihre eigene Persönlichkeit hindurchgearbeitet. Eine elende Nachäfferei ist nichts nütze; schreiben wir ja auch alle deutsch und doch jeder anders. Man lese und studire die Alten, um Latein in sich aufzunehmen. So ist es auch eine sehr gute accessorische Uebung, von der dritten Gymnasialklasse an den griechischen Unterricht blos lateinisch zu geben; wer aber im Lateinsprechen nicht fertig ist, so dass der Gegenstand darunter leiden müsste, der spreche lieber deutsch; wer es aber kann, der spreche Latein.

Höhere rationelle Syntax kann nunmehr angebracht werden; jetzt kann man erklären, was es für eine Bewandtniss mit Casus, Tempus, Modus hat. Solche allgemeine Theorien lassen sich z. B. gleich am ersten Unterrichtstag, wo noch kein Specimen durchzugehen ist, nach dem Dictat der neuen Aufgabe mittheilen, also in ersparter Zeit, um dann immer wieder daran zu erinnern. Es ist Sache des taktvollen Lehrers ökonomisch mit solchen Stunden umzugehen. Die Theorie der Modi nach meiner Weise kann in jeder Gymnasialklasse mitgetheilt werden; dahin gehört auch die tiefere Periodologie (vgl. meine Stilistik); aber man beginne mit dem Einfachsten und verfahre stufenweise, also nur nach den Hauptsätzen.

25. Lectüre der Schriftsteller überhaupt.
(Vorfragen und Allgemeines.)

Soll man Chrestomathien oder Schriftsteller lesen? Göthe entschied sich für erstere. Ich aber sage: im Gymnasium soll gar keine Chrestomathie geduldet werden, als diejenige, welche zur Einübung des elementarsten Stoffs dient; später aber keine. Denn Chrestomathien verrücken dem Schüler den Zweck aller Lectüre; die Autoren sollen und wollen gelesen werden und zwar ganz, nicht stückweise, sondern eben als solche wie sie schrieben: ganz. Ueberdiess gewöhnt man sonst den Geist der Schüler an ein seelengefährliches Naschen, die Willenskraft wird gebrochen, so dass sie endlich gar nicht im Stande sind etwas redlich durchzuarbeiten, weil sie es nicht gelernt und geübt haben. Dazu kommt, dass man bei den Chrestomathien gerade einen Haupt- *stimulus* aus der Hand gibt; das Ganze reizt und spornt, nicht die *particulae*; es thut dem Schüler wol, wenn er sagen kann, er habe z. B. die ganze Anabasis gelesen; er hat einen Genuss gehabt und zugleich einen Sporn; wie soll er sich aber für die Schicksale Xenophons interessiren, wenn man ihm ein paar Stellen, und wären sie noch so unterhaltend, aus dem Ganzen vorschneidet? Und ist denn etwa die Lectüre des Schriftstellers langweiliger als die der Chrestomathie? giebt es überhaupt unter den Jugendschriftstellern der Alten einen langweiligen? Langweilige Lehrer giebt es, das ist richtig; aber die Autoren sind nicht schuld, wenn man glaubt Glanzpartien aus ihnen herausnehmen zu müssen. Sie haben Schatten und Licht zusammen, sonst wäre ein Hervortreten von Glanzpartien nicht möglich. Kurz: Chrestomathien laufen stracks der Bildung zuwider, die man aus den Autoren gewinnen kann. Vor 50 bis 60 Jahren hatten Chrestomathien darin eine Entschuldigung, dass es damals noch nicht möglich war Plutarchs Biographieen und dergl. in der Schule zu lesen, das war alles zu theuer; dies war der Hauptanlass warum Jacobs seine *Attica* zusammenstelte.

Eine weitere Frage ist die, ob die Schriftsteller

Mittel zur Erlernung der Sprache oder Zweck bei derselben sind. Die Antwort ist sehr einfach. Die Autoren sind immer Zweck; doch sind sie auch wieder nicht so vornehm, dass sie sich nicht als Mittel brauchen liessen; denn *in praxi* muss Lectüre und grammatischer Unterricht eng verbunden werden, sonst würde man einen ganz ungeheueren Fehler machen; es kann ja sogar auf der Universität nicht anders sein. Natürlich aber muss dabei das rechte Maass gehalten werden, sonst wird allerdings der Autor reines Mittel zum Zweck. —

Der Gegensatz von cursorischer und statarischer Lectüre ist schon oben §. 9 besprochen; beides sind Einseitigkeiten; die Hauptsache ist, dass Erklärung und Inhalt nicht auseinanderfallen. — Der Schüler soll den Geist des Autors erfassen. Dies ist gewiss eine ganz richtige Forderung. Wie erreicht man dies aber? Den Geist des Autors erfassen muss doch heissen, den Autor gerade so begreifen, wie er ist, den Kern seines Wesens begreifen. Dieses muss also dargelegt werden; und hiebei ist dreierlei zu erfassen: Das Allgemeine, das Besondere, das Einzelne.

In ersterer Beziehung muss die Zeit des Autors und wie er mit ihr zusammenhängt nach zwei Seiten hin erwogen werden; einmal insofern der Autor Resultat seiner Zeit ist, dann inwiefern der Autor selbst etwas hinzubringt, wodurch er eben ein freies Individuum ist. Im Besondern ist z. B. das einzelne Werk zu betrachten. Zu Caesars *bellum Gallicum* gehört ein historisch-politisch-geographischer Ueberblick. Der Zustand Galliens; was will Caesar in Gallien?

Die Provinz ist ihm nur ein Stützpunkt, um ein Heer für sich zu gewinnen, und der ganze Krieg dient seinem Zweck, Alleinherr von Rom zu werden. Bei Xenophon's Anabasis sind die Zustände Persiens, dann der Zustand Griechenlands seit 404 zu beachten. Dann specieller der sittliche Gehalt dieses Heers, Unterschied von einem athenischen Bürgerheer; Söldlinge, Führer, Cheirisophos, Klearchos, Xenophon. Der Autor selbst giebt Anhaltspunkte genug. An dergleichen denkt man in der Regel nicht. Ein akademischer Vortrag darf aus einer solchen Einleitung freilich nicht werden; der Lehrer muss den Stoff beherrschen. —

Im Einzelnen endlich hat man in den Geist des Schriftstellers einzuführen durch Kritik, Exegese, Uebersetzung. Bei der ersteren hat man ausserordentliche Vorsicht nöthig. Kritik zum Hauptgegenstand bei der Lectüre zu machen ist ein Unsinn; sie erfordert eine Fülle von Kentnissen und von Talent. Freilich soll sie auch vom Gymnasium nicht ausgeschlossen werden, aber sie muss sich aufdrängen, man darf sie nicht suchen. Die Exegese dagegen ist das eigentliche Feld der Schule; wörtliche und sachliche Exegese; daneben die Betrachtung der Gedanken und die der Form. Die Darstellung des Schriftstellers kann rhetorisch und naiv sein. Jene bezweckt einen Eindruck auf die Leser, die naive dagegen will sich nur über die Sache verbreiten z. B. bei Herodot. Doch giebt es auch eine erkünstelte Naivetät z. B. bei Pausanias. Die Rhetorik kann edel sein, wenn sie den Zweck, den sie hat, dem Leser zu imponiren, lediglich durch sachgemässe Mittel erreicht, oder sie wird unedel, wenn sie zum Mittel der Prahlerei erniedrigt wird, indem der Autor mit seinen Gedanken glänzen will. Aber sowol die rhetorische als die naive Darstellung hängt hauptsächlich von dem schriftstellerischen Individuum ab und beide gehören in die Gattung der Subjectivität; dagegen in der objectiven Darstellung macht sich nur die Sache, nicht die Person des Schriftstellers bemerklich. Wenn wir den handelnden Caesar betrachten, so drängt sich uns die Wahrnehmung auf, dass er die Umstände Verhältnisse und Menschen vollständig beherrscht so siegesgewiss tritt er auf; dasselbe bemerken wir am Schriftsteller Caesar in Bezug auf seinen Stoff. Anderen Autoren merkt man an, dass sie ihren Stoff bearbeiten; bei Caesar sieht es aus, als ob er den Stoff nicht bearbeite, sondern ihm gebiete. So ist es auch mit seiner Sprache. Selbst den besten Autoren merkt man es ab, dass sie sich mit der Sprache gewissermassen abgeben: Caesar schreibt ganz schlicht, aber er drückt seiner Sprache das Gepräge der Majestät auf; wie Quintilian (10, 1, 114) ganz richtig bemerkt: *eodem animo dixit, quo bellavit.* Bei Livius sehen wir den Rhetor am Schreibtisch sitzen und ein gelehrtes Werk zusammenarbeiten: Caesar schreibt in seinem Zelt und unterwegs; er braucht kein Quellenstudium, er beherrscht die Sachen und gebietet den Worten ohne Aufwand von Kraft. Daher die ausserordentliche Leichtigkeit seiner Darstellung, wie Hirtius (8, 1, 7) bemerkt: *Erat autem in Caesare cum facultas atque elegantia summa scribendi, tum verissima scientia suorum consiliorum explicandorum:*

eine überaus sachgetreue Fähigkeit seine Absicht zu entwickeln; darum sagt Tacitus von ihm *summus autorum divus Julius*. — Dergleichen muss der Lehrer wissen, der über die Form des Autors seinen Schülern etwas mittheilen will; aber diese Erklärung im Einzelnen ist nicht für alle Altersklassen geeignet und würde namentlich bei Caesar für Knaben zu schwer sein. Man sage daher im Allgemeinen das Einfachste, dann beschreibe man den Zustand Galliens, treibe keine Kritik, aber bemühe sich, eben weil Caesar's Darstellung so hell ist, Alles was er von der Kriegführung sagt, den Schülern zum Bewusstsein zu bringen, so dass sie den Krieg selbst mitmachen. Der Zusammenhang zwischen den einzelnen Kapiteln und überhaupt Erzählung des Gelesenen ist hier zu berücksichtigen.

Aber dieses Erfassen des Geistes soll nicht eitle Prahlerei sein, darum muss es zur Vollendnng gebracht werden durch die Uebersetzung; sie ist die Blüthe des Verständnisses und darum das beste Mittel zum Erfassen des Geistes der Autoren. Im Allgemeinen war hievon schon oben (§. 9) die Rede. Hier füge ich nur soviel bei: Das Naturalisiren im Uebersetzen verbiete ich; ich fordere, dass der Lehrer seine Uebersetzung schriftlich ausarbeite: dabei mag er andere gedruckte Uebersetzungen vergleichen und solche von Schriftstellern die er gerade nicht liest studiren; aber wenn der Lehrer eine Eselsbrücke benützt, merken es die Schüler alsbald und er verliert nicht nur an der nothwendigen Achtung, sondern übt auch geradezu einen sittenverderbenden Einfluss auf die seiner Obhut anvertrauten Seelen.

26. Lectüre der lateinischen Prosaiker.

Die Prosa theilt sich in folgende drei Stufen. Man beginnt mit der Geschichte, geht dann auf die Reden über und endet mit der Philosophie.

I. Von den Historikern ist Cornelius Nepos seit Jahrhunderten zuerst gelesen worden. Göthe ist dagegen; er sagte: „Nepos hat Anmuth im Stil und Naivetät; aber in der Regel lernt man nicht den Nepos, sondern die verschiedenen *quum*, *ablativos absolutos* u. s. w. kennen." So darf man ihn freilich nicht misshandeln. Der Knabe soll den Schriftsteller kennen lernen; daher kommt es auch hier auf die Behandlung an. Er hat viele Eigenheiten des Stils, von denen der Knabe nichts zu wissen braucht; man vergleiche meine Vorrede zur ersten Auflage der Anmerkungen zur Ilias, wo ich eines Lehrers erwähne, der sehr viel durch die Lectüre des Cornelius gewirkt hat. Aber man muss ihn wo möglich ganz lesen, und die Schüler, ohne dass man historische Kritik treibt, doch auf den richtigen historischen und auch geographischen Standpunkt versetzen.

Bei Caesar wird man an Göthe's Ausspruch erinnert: „Anders lesen Knaben den Terenz, anders Grotius; Mich Knaben ärgerte die Sentenz, die ich jetzt gelten lassen muss." Caesar muss für ein Alter von 13 bis 14 Jahren mit allem Fleisse behandelt werden. Der Inhalt, besonders auch die Geographie, ist genau zu erklären und aufzufassen. Man lese den gallischen Krieg, und nehme zuerst die Karte von Gallien vor, dann bekommt das erste Capitel Leben. Man überschwemme die Erklärung ja nicht mit Grammatikalien, sondern lese rasch: fünf bis sechs Bücher können gelesen werden. Um Grammatikalien einzuüben, dazu sind die Uebungsbücher und Specimina vorhanden. Die Uebersetzung des Caesar muss so schlicht werden wie das Original. Das *bellum civile* kann wol auch gelesen werden, das *bellum Alexandrinum* von Hirtius vielleicht (Niebuhr hielt es für eine der besten Schriften); das *bellum Africanum* ist in militärischer Hinsicht ausgezeichnet, aber der Stil ist nicht gut; das *bellum Hispanicum* ist zur Klassenlectüre nicht geeignet; es ist vielleicht die Aufzeichnung eines *centurio*, der Stil ist barbarisch.

Curtius Rufus eignet sich sehr gut zur Brücke zwischen Cäsar und Livius; Curtius ist schön. Aber wenn man zwischen ihm und Livius wählen muss, so ist dieser doch viel mehr werth. Am besten ist es dann, wenn mehrere Schüler Curtius für sich lesen: Er weiss ungemein interessant zu erzählen; seine Sprache ist eine Nachahmung des Livius. Er lebte vielleicht zur Zeit des Kaisers Claudius. —

Jedenfalls ist in der Lateinschule die Lectüre des Caesar abzuschliessen, dagegen für die erste Gymnasialklasse ist Livius zu nehmen. Cicero's Schriften *de senectute* und *de amicitia* sind die unglücklichste Wahl. Kein Knabe reflectirt über die Freundschaft; das soll der Jugend fern bleiben. Früher las man gar Plutarch *de educatione puerorum* mit Knaben. — Aber erst die Lectüre des Livius macht für Cicero reif. Die Fülle des edelsten

Sprachschatzes ist es ja, die ihn so herrlich für die Jugend macht. Er ist nicht so grossartig wie Cäsar, aber sein Latein ist wohltbuend; er hat ja den Cicero hinter sich; eine leise Umbiegung liegt in seinen Gräcismen. Er giebt aber ferner eine empfundene Darstellung des Edlen und Grossen im Römerthum und gerade durch seinen Mangel an taktischen und politischen Kenntnissen ist er für diese Unterrichtsstufe so brauchbar; denn hier ist das menschlich Edle am besten zu brauchen. Was soll man aber lesen? Man kann bei ihm eigentlich nicht fehlgreifen. Niebuhr und andre Gelehrte meinen freilich, er werde vom dritten Buch an immer dürftiger und schrumpfe sichtlich zusammen; allerdings sind die folgenden Bücher nicht mehr von so spannendem Interesse, aber das liegt am Stoff. So wie dieser anwächst, wird die Darstellung wieder so herrlich als vorher; man denke nur z. B. an die Charakteristik Cato's, an den Aemilius Paullus, der den Perseus besiegte u. dgl. Die erste Dekade, besonders das erste Buch enthält eine Fülle reizender Poesie; aber freilich sind hier die politischen und historischen Schwierigkeiten am grössten. Darum muss der Lehrer die Entwicklungsgeschichte der römischen Antiquitäten genau kennen; aber er darf den Schüler nicht mit Gelehrsamkeit überschütten, sondern sie nur als Leitstern für die richtige Erklärung des Livius benützen. Der verständlichste Theil ist die dritte Dekade. Jeder Schüler sollte den ganzen zweiten punischen Krieg kennen lernen; jedenfalls aber der Lehrer mit seiner Geschichte ganz vertraut sein. —

Bei Behandlung der Sprache des Livius stösst man mit den Schülern anfangs auf ungeheure Schwierigkeiten. Von der Lectüre des Caesar ist ein Sprung auf die des Livius; des letzteren Stoff war ein unendlicher, darum musste er sich bestreben, in eine Periode möglichst viel zusammenzudrängen, besonders in den erzählenden Partien; da lohnt sich denn, wenn der Schüler die Periodologie in den allgemeinsten Grundbegriffen schon durchgemacht hat. Dann wird er auch begreifen, dass nicht alle participia coordinirt, nicht alle mit „nachdem" aufzulösen, sondern oft substantivisch wiederzugeben sind. Die einfachsten Formen der lateinischen Periode muss er im Kopf haben. Wenn also zu übersetzen ist: *Hac perfecta re nolens laudari ob eam rem in solitudinem secessit,* so ist es ein Vortheil, wenn der Lehrer ihm sagen kann: das ist die Periodenformel a: (b : A) nur in participialer Form, und deutsch sieht sie so aus : a : A (b) A. (Man vergleiche auch die Analyse der Periode 43, 18 in meiner Stilistik §. 180, 3 ed. II.) Hält man den Schüler nicht zu solcher Analyse an, so verzweifelt er bald oder wird abgestumpft; und wie leicht lassen sich die Elemente der Periodologie in dieser Weise schon an Caesar beibringen! Mehr latent, aber auch lohnend ist die Anbahnung einer wissenschaftlichen Uebersetzung in einzelnen dem Anfänger fremdartigen Fällen, z. B. Participia mit Präpositionen wiederzugeben (Stilistik §. 30 ed. II.), Fragewörter beim Particip, Auflösung der Concurrenz von *Relativis* und Conjunctionen u. dgl. — Livius hat freilich auch sonst manche stilistische Eigenthümlichkeiten (vgl. z. B. Stilistik §. 30, 3); darauf muss der Lehrer sich vorbereiten, indem er den ganzen Livius mit der Feder in der Hand durchliest. Ich habe alle Tage vier, höchstens fünf Capitel in dieser Weise und so in zwei Jahren den ganzen Livius gelesen. Diese Jahre gaben mir eine Grundlage für meine Lateinkenntniss und befreiten mich vom Naturalisieren. Doch muss man mit den gesammelten Schätzen haushälterisch umgehen, muss auf eclatante Fälle zur Mittheilung warten. Auch den Einfluss der griechischen Sprache auf den Stil des Livius beachte man mehr als bisher geschehen ist. Dies wäre ein Thema zu einer Doctordissertation. — Die Lectüre des Livius muss aber in der ersten und zweiten Gymnasialklasse etwa mit Schülern vom fünfzehnten bis sechzehnten Jahre recht *ex professo* getrieben werden; er ist zu einflussreich und eines der herrlichsten Bildungsmittel; auf unsern Gymnasien sollte er viel fleissiger gelesen werden.

Sallust ist für diese Altersstufe sprachlich viel zu leicht, sachlich aber viel zu schwer — er muss daher in jeder Beziehung hier dem Livius das Feld räumen. Das Politische im grossen Stil herrscht so bei ihm vor, dass die Jugend noch nicht dafür empfänglich ist, während Livius das allgemein Menschliche hervorhebt. Sallust ist eine treffliche Privatlectüre etwa für Schüler der beiden obersten Klassen. Jeder Philolog sollte ihn wenigstens einmal im Jahr lesen; ich habe es seit zwanzig Jahren so ziemlich gethan. Auch lasse man nicht den Sallust auf Livius folgen: wo käme sonst die Zeit für Cicero her? Nach Livius kommt Cicero und zwar in seinen Reden, nach der Geschichte die Redekunst; ja nicht rhetorische Schriften.

II. In der Redekunst ist Cicero der einzige aber ausreichende Repräsentant. Welche Reden sollen aber gelesen werden? oder stellen wir lieber die umgekehrte Frage voran: welche sind für die Schule **nicht geeignet?** Ich antworte: 1) die unbedeutenden z. B. *pro Archia poeta*; die einzige Stelle über die *studia liberalia* hat diese in die Schule eingeführt. Etwas mehr geeignet aber wegen der durchaus vom Schüler noch nicht gekannten Persönlichkeit wieder weniger anziehend ist die „*oratiuncula pro Deiotaro*" (*Cic. ad. fam*, 9, 12, 2). Begeistern kann diese nicht. — Bei Seite zu lassen sind auch 2) die in ihrer Bedeutsamkeit zu schwer erkennbaren Reden z. B. *pro Ligario*. In dieser Rede ist Cicero der Adler mit den gestutzten Flügeln. Lord Brougham erklärt sie für vielleicht das grösste Meisterstück in lateinischer Sprache — aber Cicero hält sie vor Caesar, der Tyrann geworden war, und vertheidigt den Ligarius unter der Firma grosser Freimüthigkeit, doch so wie man eben nur sprechen konnte vor Caesar, wenn man seinem Clienten nicht schaden wollte. Damit darf man nicht anfangen; gerade für Interessantes der Art kann und soll der Schüler noch kein Auge haben. — Auch 3) die civilrechtlichen Reden gehören nicht in die Schule z. B. *pro Quinctio, pr. Caecina, pro Roscio comoedo. Pro Flacco* ist eine treffliche Rede und höchst bedeutend, aber nicht für Schüler. — Ebensowenig 4) die criminalrechtlichen Reden z. B. *pro Cluentio*, wo auch ein abscheulicher Fall behandelt wird.

Zu lesen sind dagegen 1) die historischen Staatsreden. Hier gilt es, dem Schüler begreiflich zu machen, dass die Reden, die er liest, nicht Worte, sondern Thaten sind; man muss sie in die Zeitgeschichte verflechten und darum chronologisch lesen. 2) Die historischen Criminalreden, welche welthistorische Thaten sind. — Die erste welthistorische That Cicero's ist die Rede *pro Roscio Amerino;* er will nicht nur den Roscius gegen die Anklage wegen Vatermords vertheidigen, sondern er schmiedet zugleich darin eine Angriffswaffe gegen die Tyrannei des Sulla. Cicero war siebenundzwanzig Jahre alt und erwarb sich durch dieselbe Ruhm; *Sullam contudi,* sagt er darüber in den Officien; dann ging er nochmals nach Griechenland und studirte wieder. Dann folgten die *Verrinae.* Mit diesen wollte der Redner nicht blos den Verres strafen, sondern mit ihm die ganze zur Faction gewordene Nobilität; hier hätte er sagen können: *nobilitatem contudi.* Diese sollte eingeschüchtert werden; er wollte sich zum Mann des Volkes, auch in den Provinzen, machen, und es gelang, weil er dabei den Hortensius überwand. Uebrigens wurde nur die *actio prima* und die *divinatio* wirklich gehalten; die fünf Reden der *actio secunda* hat Cicero dann nur aus dem vorhandenen Material noch ausgearbeitet; besonders die erste, vierte und fünfte gehören zu den Meisterstücken römischer Beredsamkeit; in der vierten *de signis* ist der einförmige Stoff meisterhaft gruppirt und diese Gruppirung ist vor Allem zu beachten; für die fünfte *de suppliciis* muss man die geographischen und geschichtlichen Verhältnisse Siciliens genau kennen, besonders was der Prätor und Proconsul in der Provinz ist. Die zweite und dritte Rede sind historisch interessant, aber zu speciell für die Schule. — Nun folgt eine Reihe von Reden, welche Cicero gehalten hat, um sich in Pompejus einen Freund zur Erlangung des Consulats zu schaffen. *De imperio Gn. Pompei;* diese seine erste politische Rede ist zugleich seine erste politische Sünde; denn es handelt sich um eine verfassungswidrige Gewalt. Er droht dem Senat: „das Volk könne was es wolle"; aber der Senat hat ja eigentlich zu entscheiden. Der Erfolg entspricht: Pompejus bekommt das Commando zum Krieg gegen Mithridates und dazu eine ungeheure Gewalt; daher Caesar's Reaction. — Dann folgen die *orationes Catilinariae.* Cicero ist im Consulat unsterblich. Der Catilinarismus ist der scheuslichste Communismus, angestrebt und versucht nicht von den untersten Schichten des Volks, nicht vom Pöbel, sondern angestrebt von den vornehmsten Familien, die durch ihre eigenen Laster zu Bettlern geworden waren und nun alle Besitzverhältnisse umstürzen wollten; er ist ein *patricium nefas.* Um Cicero's Verdienst zu begreifen, ist die Gefahr dieses Catilinarismus zu erwägen: 1) seine ungeheure Ausdehnung, 2) die bedeutendsten Machthaber sind, wo nicht Theilnehmer, doch Mitwisser; besonders ist ausgemacht, dass Caesar ihm nicht ferne stand; 3) das Uebel war so latent; man konnte es nicht anpacken, obwol man von seiner Existenz wusste: Cicero zwang es, an den Tag hervorzutreten. Dies ist die Bedeutung der ersten Catilinaria; jetzt weiss man doch, mit wem man es zu thun hat: Catilina muss die Stadt verlassen. Dies hatte der Redner beabsichtigt; darum fordert er ihn immer wieder auf fortzugehen, er schickt ihn hinaus zu seinem Heer und ruft einen Krieg recht eigentlich hervor. — Nur durch einen Scherz von F. A. Wolf ist die Meinung verbreitet worden, dass die andern drei oder zwei Catilinarien unächt seien; er hatte einmal geäussert eine der zwei mittlern sei unächt, aber welche, sage er nicht. Der Text ist allerdings sehr verderbt gewesen (bis auf die jetzt von Halm besorgte Orelli'sche Ausgabe), weil diese Reden viel gelesen und abgeschrieben wurden. Eine Rechtsfrage ist freilich, ob Cicero die Catilinarier *indicta causa* hinrichten lassen durfte; allerdings mussten sie von den Centuriat-Comitien oder von einer der *quaestiones perpetuae* gerichtet werden. Allein, wenn man nicht geeilt hätte, wären sie höchst wahrscheinlich befreit worden. Diese That Cicero's war eine Rettungsthat zum Besten des Vaterlands. Dennoch wird er von Clodius desshalb gepackt, als er mit Cato erschien gegen Caesar und die Triumvirn. Es ist gross und ehrenvoll für Cicero, neben Cato zu stehen und von Caesar als ein Haupthinderniss der Tyrannis betrachtet zu werden: Cicero muss in das Exil — und da benimmt er sich eines tapfern Mannes sehr unwürdig; den bürgerlichen Tod kann er nicht ertragen. Er wird zurückgerufen und nun fasst er gelegentlich seine ganze Politik seit dem Jahre 59 in einer Rede zusammen, die sein grösstes Meisterwerk ist. Es ist die *Sestiana;* diese darf daher nur mit einer sehr guten Klasse gelesen werden. Sie hat zwei Theile;

der erste beleuchtet die Anklage durch die Geschichte der Politik von und nach 59, der zweite durch die Idee der römischen Verfassung. Die Kunst, die er dabei aufbietet, hängt freilich mit seinem zweiten grossen politischen Fehler zusammen, dass er nach seinem Exil eingeschüchtert allen Widerstand gegen Caesar aufgiebt und sich auf das Engste mit ihm verbündet, wenn auch nicht um ihn zu fördern (nur in der *or. de prov. consul.* wird er auch sein Werkzeug). In seiner Rede stellt er den Clodius an den Pranger und dazu die Consuln Piso und Gabinius, Caesar's Werkzeuge; aber er muss den Urheber schonen und darf das doch nicht auf Kosten der Wahrheit. Diesen Leuten hält er dann das ·Ideal der altrömischen Verfassung vor. Dies ist fein und ist gross zugleich. — Die *Miloniana*. Dieser Prozess war ein interessanter Gegenstand für Cicero; die Rede verdient das genaueste Studium. Im ersten Theil beweist er, dass Milo nicht darauf ausgieng den Clodius zu erschlagen; der entgegengesezte Beweis ist sichtbar misslungen. So hat er aber die Rede gar nicht gehalten, sondern, als er sie hielt, hatte Pompejus das Forum mit Soldaten besetzt; Cicero trat schüchtern und stammelnd auf und Milo wurde verurtheilt; er ging nach Massilia und that dort jene für ihn charakteristische Aeusserung über seinen Vertheidiger. Man muss sich von Clodius und Milo ein lebendiges Bild entwerfen; beide beherrschen die Stadt; Clodius zuerst im Interesse der Triumvirn, dann in seinem eigenen, Milo in dem der Aristokraten. Für solche Dinge muss man das Werk Drumann's studiren, der in der Einzelforschung unübertrefflich ist, wenn er auch den Cicero selbst unrecht beurtheilt, wie ihm **Brückner** nachgewiesen. — Caesar wird Tyrann; dem Redner-Adler sind die Flügel gestutzt. Jetzt hält er die *orat. pro Marcello, pro Ligario, pro Dejotaro* — da hören wir nicht mehr den alten Cicero sprechen. Caesar wird ermordet, da erhebt sich der Adler wieder mit Macht gegen den eine neue Tyrannis anstrebenden Antonius. Der zweiundsechzigjährige Mann flammt hier noch einmal auf in der ganzen Reife seines Alters und lässt die *Philippicae* gegen den Antonius los. Von diesen kann man eine und die andre heraussuchen; nur in der zweiten ist eine Stelle wegen ihres unzüchtigen Inhalts mit Schülern zu überschlagen.

Ein politischer Charakter ersten Rangs ist Cicero nicht; aber was es heissen wollte, ein Cicero zu sein, das hat die Massregel Caesars am allerentschiedensten bewiesen und die grosse Achtung, die dieser ihm immer bezeigte. Man lese das vorletzte und letzte Capitel von Plutarch's Cicero, die auch C. F. **Hermann** nicht für unächt hält. Ueber Cicero's Stellung zur Literatur habe ich in der Einleitung zur *Sestiana* gesprochen. Cicero's Periode ist die der Auflösung.

In **Tacitus** sitzt gleichsam das römische Alterthum über sich selbst zu Gericht; der Koloss des Reichs ist im Zustand der Fäulniss. Ein Geist steht noch, fasst das ganze Römerthum concentrirt in sich, um mit der Kraft desselben den unrettbaren Untergang desselben darzustellen. Mir ist es immer als etwas Providentielles erschienen, dass Tacitus einen

Blick auf das Volk geworfen hat, das nachher Träger der Herrschaft geworden ist. — Man lese die Annalen, die wichtiger sind als die Historien und leichter als Agricola. Indess ist es überhaupt immer etwas Schweres, den Tacitus auf Gymnasien zu lesen; er gehört auf die Universität, und wo bekommt man auch die Zeit für ihn? Er ist dem Latein wie den Gedanken nach für Gymnasiasten zu schwer; und er ist mir für die Schulbank beinahe zu gut. Man lese etwa die Germania.

III. In der Philosophie sind wir durchaus auf Cicero angewiesen; die Lectüre des Seneca widerrathe ich aufs entschiedenste aus aesthetischen und historischen Gründen; denn dazu gehört ein reifer Geschmack, und sein Hauptfehler ist, dass jeder Gedanke und jeder Satz einen Stachel haben soll; in ruhige Entwickelung lässt er sich gar nicht ein. Das ist keine Nahrung für einen Schüler. Lieber nehme man Cicero und zwar *de officiis;* diese haben den praktischen Vortheil, dass sie für einen Jüngling geschrieben sind; freilich sollte dieser Staatsmann werden — es ist gleichsam eine Anleitung für einen jungen Prinzen —; indess Cicero ist hier bei weitem am populärsten. Er taugt im Allgemeinen freilich höchstens als Quelle der Geschichte der Philosophie; er ist nicht selbst Philosoph; was er in der Schrift *de officiis* Philosophie nennt, ist nur Erörterung eines wohlmeinenden hochgebildeten Mannes über die Hauptgrundsätze einer populären Moral, die einen gewissen weltmännischen Anstrich hat. Da ist aber Cicero seines Stoffes Meister. Vgl. Döderlein Reden und Aufsätze II. Th. S. 242. Von diesem Aufsatz unterschreibe ich jedes Wort. — Aber Cicero will schnell gelesen sein; man nehme die beste kritische Ausgabe, etwa die kleinere von Zumpt, die alle Schüler haben sollten. In einer schnellen aber möglichst guten Uebersetzung gebe man eine Uebersicht des Ganzen. — Vielleicht das schönste unter allen philosophiscn Stücken ist das *somnium Scipionis;* die Bücher *de republica* eignen sich natürlich wegen der Lücken nicht für die Schule. Sonst kann man etwa noch die Tusculanen und *de finibus* gebrauchen. Aber beide stehen den Büchern *de officiis* bei weitem nach; die Schrift *de finibus* wird höchstens empfohlen durch Madvig's treffliche Ausgabe; dies ist auch ein Buch, welches, wie auch die Tusculanen von Kühner und Drumann's Werk, jeder Philologe besitzen sollte. Ich würde die Schrift *de finibus* Reiferen zur Privatlectüre empfehlen; ebenso die Tusculanen.

Sollen nicht **theoretische** Schriften über Rhetorik gelesen werden? (Cicero, Quintilian, Tacitus). Eigentlich schon; aber ich wüsste eben keine Zeit zu gewinnen und von blossem Naschen bin ich kein Freund. Ich weiss keinen Ausweg, als dass man schon bei der anderweitigen Lectüre fleissig auf die rhetorischen Schriften hinweist und die talentvolleren Schüler auf den ganz trefflichen **Orator** (v. Jahn) und **Brutus** (v. Ellendt) frühzeitig hinweist. Vor allem soll privatim der **Dialog** von Tacitus gelesen werden — ein unvergleichliches Meisterstück und nach Form und Inhalt anziehend.

27. Lateinische Poesie.

I. Mit dem Epos sind wir im Lateinischen vortrefflich daran; einen Homer freilich haben wir nicht; aber für die erste Stufe leistet Ovid vorzügliche Dienste. Dieser kann füglich in der obersten lateinischen Klasse gelesen werden. Leicht ist es über Ovid hart zu urtheilen; denn die *luxuries ingenii* zeigt sich überall; aber ebenso gewiss ist Ovid einer der bedeutendsten Dichtertalente des ganzen Alterthums; an Talent steht er keinem nach, wol aber an Geschmack. Die Philosophie kümmert sich nicht um das Einzelne, sucht aber die Idee von Allem; umgekehrt die Poesie: der Dichter muss concretes sinnlich-anschauliches Leben schaffen können; die Personen die er schafft müssen persönlich individuelle Menschen sein; das Detaillieren muss er dabei aufs Gründlichste verstehen — und gerade hierin hat Ovid kaum seines Gleichen. Ordentlich behandelt gefällt er daher den Knaben ausserordentlich wol; nur muss natürlich aus den Metamorphosen eine vernünftige Auswahl getroffen werden, denn diese sind eine Kette von kleinen epischen Gedichten, die man herauslösen kann, ohne ihre Totalität zu zerstören; ihr Zusammenhang unter einander ist ein rein äusserlicher. — Thöricht ist es aber einen vierzehnjährigen Knaben mit den *Tristia* oder *Epistolae ex Ponto* zu plagen; wie soll ein jungendliches Gemüth für dieses ewige Jammern interessirt werden? — Die Sprache Ovid's ist sehr gewandt, er hat dem Latein fast das Gepräge französicher Leichtigkeit aufzudrücken verstanden, sein Latein ist rein, die syntaktische Behandlung vortrefflich — sprachlich ist ausserordentlich viel aus ihm zu lernen; die Metrik ist gut (gerne hat er wegen ihres Tonfalls ⏑ ⏑ — — ⏑ ; ⏑ ⏑ — ⏑ ⏑ die Wörter auf *amen* z. B. *medicamina* etc.). Bei ihm ist denn auch eine leichte gewandte Uebersetzung nothwendig; man sollte es versuchen mit dichterischer Gewandtheit den Ovid in deutschen Hexametern zu übersetzen; man liesse die Schüler zuerst in guter Prosa übersetzen und erklärte gut; dann könnte man seine poetische Uebersetzung vorlesen. — Ein Jahr wird für Ovid genügen.

Im Gymnasium sind zwei Jahre auf Virgil zu verwenden. Dieser ist neuerdings, weil er kein Homer ist, falsch beurtheilt und ebenso unterschätzt als vor hundert Jahren überschätzt worden. Er hat ausserordentlich viel Grosses und Erhebendes, ein edles jungfräuliches Wesen, einen hohen sittlichen Geist; die Sprache ist ausserordentlich schön, nicht so reizend und beweglich wie die des Ovid, aber mit römischer gravitas ausgestattet, ohne rauh zu sein. (Die Anekdote: dass der alte Cicero bei dessen ersten Jugendgedichten den Virgil *magnae spes altera Romae* nannte und dadurch mit sich gleich stellte; Virgil gebraucht die Worte von Ascanius, Aen. 12, 168.) Die ganze Aeneide ist ein Reflex der gesammten Grösse Roms; ein Nachhall seiner ganzen Geschichte; sie ist das geistreichste *vaticinium post eventum*; gerade das ist das Allerherrlichste und dem Dichter am besten Gelungene, in der Vorgeschichte Roms die ganze Herrlichkeit des künftigen historischen Rom zu zeigen. Wie geistreich ist das Motiv, Aeneas den Gründer Roms in Verbindung mit Dido, Carthago's Gründerin, zu bringen: *exoriare aliquis nostris ex ossibus ultor!* Wer so und mit solchen Motiven zu dichten wusste, war ein Meister. Theilweise trefflich ist es, wie er uns (im achten Buch) das vorgeschichtliche Rom zu zeigen weiss, da beschreibt er die sieben Hügel, wie sie vor Roms Gründung ausgesehen haben mögen. Sein Unglück ist, dass er mit Homer nicht nur wetteifern, sondern ihn nachahmen will; nur liegt diese Nachahmung in Gleichnissen und Situationen, die er mosaikartig einarbeitete; da ist er freilich oft nicht glücklich gewesen. Wo er aber die römische Herrlichkeit zum Gegenstand seiner Poesie macht, da wird er eigentlich gross und bedeutend und tritt in den Rang der ersten Dichter. — Aber es findet sich gar zu oft, dass Philologen und Lehrer den Virgil nicht ganz gelesen haben; dies geht durchaus nicht; er muss studirt werden in allen seinen Schriften. — Die Georgica sind in ihrer Art ein weit vollenderteres Meisterwerk als die Aeneis; die Vollendung der lateinischen Sprache ist vielleicht nirgends weiter getrieben. Doch rathe ich diese Bücher wegen des Stoffs nicht in der Schule zu lesen; das Gemüth des Knaben will auch etwas haben. — Die Eclogae sind meist politische Allegorien. Wie passt aber römisches Wesen zu der naiven Ländlichkeit des Theokrit! Sie haben nichts Ursprüngliches und erfordern zu viel Gelehrsamkeit für die Schule. Die Aeneis ist zwei Jahre zu lesen, etwa in der ersten Gymnasialklasse Buch I. II. (III), in der zweiten: IV—VI (VII); jedenfalls müssen die Schüler das II. IV. VI. Buch kennen lernen und bei jener Eintheilung hat der Schüler doch die halbe Aeneide gelesen und kann leicht veranlasst werden sie hinauszulesen. Eine gut deutsche Uebersetzung ist sehr schwer, aber man lernt ewas dabei. —

Die römischen Elegiker sind schon des Stoffes wegen Nichts für fünfzehn- oder sechzehnjährige Leute; also lese man weder Auszüge daraus noch das Ganze.

II. Für die Lyrik haben wir Horatius. Dieser gehört erst für die dritte Gymnasialklasse, wo die vier Bücher Oden, wenigstens die hauptsächlichsten zu lesen sind. Man gebe sich Mühe den Unterschied zwischen antiker und moderner Lyrik zu begreifen; der moderne Lyriker anatomirt die Gefühle und Empfindungen; nicht so der alte Lyriker, dieser geht gleich wieder in die Aussenwelt über, darum scheinen seine Lieder nicht die Wärme zu haben. Aber ein Dichter will vor allem mit der Phantasie gelesen sein, der Lyriker arbeitet ihr vor durch einzelne Skizzen; darum habe ich auch (in der Einleitung zur „Höheren Kritik der Horazischen Oden") als fünf Schlüssel zum Verständniss des Horaz bezeichnet: 1) dass man die Anschauungen und Bilder, die er giebt, aufquellen lasse, 2) die dadurch gewonnenen Anschauungen in Gruppen vereinige, 3) die lyrische Handlung, die Entwicklung und Abwechslung der Empfindungen beachte, 4) die Nachbarschaft der Oden berücksichtige; denn die Oden sind nicht zufällig zusammengestellt, 5) dass man die carmina nicht blos als Lieder auffasse; denn es befinden sich darunter auch andre Gattungen der Poesie, die wir jetzt Romanzen u. dgl. nennen. Vgl.

Münchener Gel. Anz. 1842 Nr. 181—183. Zu warnen ist auch noch vor den neuen Kritikern des Horaz.

III. Ein lateinisches Drama giebt es für die Schule nicht; denn Seneca ist ein gespreizter Rhetor. Selbst die Komiker sind unmöglich eine zweckmässige Lectüre für Schüler, wenn man nicht etwa in der dritten Gymnasialklasse am Schluss des Jahrs ein Stück schnell lesen will. Aber wir haben ja einen unvergleichlichen Ersatz in Horazens Sermones; besonders die Episteln sind Kleinodien der lateinischen Poesie; doch muss man sie nicht als Fundgruben menschlicher Weisheit behandeln, obwol viele Stellen eigentlich weise sind; dagegen sind sie wichtig als historische Nachweisung dessen, was man auf dem Gipfel der römischen Entwickelung unter praktischer Klugheit verstanden hat, und sind geeignet, gleichsam den *haut goût* der praktisch gereiftesten Zeit der Römer wegzubekommen. Während die Satiren Jugendwerke des Dichters sind, bieten die Episteln grosse, lebendig gezeichnete Scenen aus dem Drama des menschlichen Lebens und trotzen aller Zeit und Vergänglichkeit, weil sie so viele gesunde Blicke in das Leben enthalten. Der grosse Reiz dieser Dichtungen liegt aber wol auch in der Behandlung und im Stil, vielleicht auch im Metrum. Dies ist unendlich fein, besonders dadurch, dass es die epischen Anklänge vermeidet (der epische Hexameter wäre für diesen Stoff nicht passend); die Sprache ist sehr schön und es tritt nirgends ein Anklang an Rhetorik hervor. Wenn der Rhetor dichtet, so bearbeitet er immer seine Leser mit Pointen und Antithesen; Horaz thut dies nicht, und darum stört er auch unser Behagen nicht, wie er denn auch ein ϱεῖα ζῶν ist. So muss denn auch in der Erklärung des Horaz Einfalt herrschen. Auch die logische Behandlung seiner Stoffe hat jenes Unnachahmliche der allerglücklichsten Leichtigkeit. Was Quintilian von Cicero sagt: *omnia fluere videntur illaborata*, lässt sich mit gleichem Recht von Horaz sagen. Dieser Harmlosigkeit der Form gegenüber imponirt dann der Gehalt; wir müssen seine Dichtungen nicht als Schule tiefer Weisheit ansehen, aber den feinen Weltmann daraus merken; so reicht er für unzählige Fälle des Lebens aus, und ich habe einen Beamten gekannt [Puchta sen.] der für jede Gelegenheit ein Horazisches Dictum bei der Hand hatte, weil er den Dichter auswendig wusste. Man muss den Horaz tüchtig studiren; denn bei aller Einfalt hat er doch sehr schwere Stellen; obgleich andrerseits bei wenigen Autoren die Empfindung so wenig sich bemerklich macht, dass eine Kluft von zweitausend Jahren zwischen ihm und uns liegt. Das universelle Rom vereinigte ja damals die ganze Welt in sich und Horaz brauchte nur ein Römer seiner Zeit zu sein um zugleich Weltbürger zu sein.

28. Griechischer Unterricht. I. Sprachlicher Theil.

Griechisch lernt der Schüler erst, nachdem er die lateinische Formenlehre schon durchgemacht hat; darum verlange ich für die griechische einen rein wissenschaftlichen Gang. Hier ist eine gleichmässige Förderung der Schüler möglich und der griechische Unterricht ist darum der erfreulichste:

vor Buttmann war ein strengwissenschaftlicher Unterricht nicht möglich; jetzt lässt sich die Formenlehre mit mathematischer Sicherheit und Festigkeit lernen. Nichts lernen die Schüler leichter, wenn man nur richtig zu Werk geht. Sprachvergleichende Formenlehre kann man freilich nicht treiben; dagegen Resultate, wie sie Georg Curtius in seiner griechischen Grammatik niedergelegt hat, lassen sich wol mittheilen. Die erste Stufe des grammatischen Theils ist die Lehre von den Buchstaben, von den Consonanten - und Vocalverwandlungen; diese muss mauerfest stehen, ehe man zum Verbum gelangt; überhaupt aber theile man anfangs so wenig als möglich mit, um Festigkeit zu erreichen. Das Verbum selbst muss durchaus praktisch vor den Augen des Schülers entstehen; man beginnt z. B. mit der Unterscheidung des Stammes, theilt die Stämme in reine und verstärkte, bringt gelegentlich zum Bewusstsein, dass die sogenannten Anomala zum grossen Theil gleichbedeutende Formen von verschiedenen Stämmen entlehnen: φέρω, οἴω, ἐνέκω wie *fero, tuli, latum;* oder wie *ferio, percussi, percussum* so φέρω, οἴσω, ἤνεγκον. Es ergeben sich dann nach den bestimmten Gesetzen drei Tempusreihen: 1) solche vom verstärkten Stamm: *praes.* und *impf. act. pass. med.;* 2) solche vom reinen Stamm: die *tempp. secunda;* 3) solche in denen der Stamm mit dem Tempuscharakter verschmilzt. — Die Personalendungen werden dann zuerst vorgenommen; sie sind *suffixa* wie im Hebräischen, entstanden aus dem *pron. pers.* ω=ἐγώ, -μι aus dem singular zu ἄμμες; ς aus σύ, -ι aus einem ἰ=is (daraus erklärt sich auch μιν, νιν), -μεν, dor.-μες aus ἄμμες u. s. f. Doch braucht das der Anfänger meinetwegen noch nicht zu hören. Dann gibt man, zunächst für das Präsens, die Bindevocale an: *o*, *ε*, *ε* und bildet nun die Formen in folgender Weise: *λύ-ω*, *λύ-ε-ις* (obwol diese Endung nicht ganz wahr ist), *λύ-ε-ι*, *λύ-ο-μεν*, *λύ-ε-τον*, *λύ-ε-τον*, *λύ-ο-μεν*, *λύ-ε-τε*, *λύ-ο-ντσι* (die nöthigen Buchstabenänderungen sind den Schülern schon geläufig). Nun lässt man einfach durch Verlängerung der Bindevocale den Conjunctiv bilden: *λύ-ω*, *λύ-η-ις* u. s. f. Ebenso verfährt man mit dem Passiv und Medium und dies alles, allenfalls auch das Imperfect, kann in einer halben Stunde jeder Schüler begriffen haben. Bei den Formen des *perf.* und *praes. pass.* kann man auf die innere Verwandtschaft dieser Tempora aufmerksam machen. — Bei den Verbis auf *μι* werden die Endungen ohne Bindevocal angehängt; es handelt sich hier also nur um den Stammvocal; *θε-*, *στα-*, *δο-*, *δεικ-* sind neben einander zu stellen. Präsensreduplication und Stammvocal im Singular sind besonders zu behandeln; *ἔθηκα*, *ἧκα*, *ἔδωκα*, aber *ἔθετον*, *εἷτον*, *ἔδοτον*. Ueberall ist aber die Analogie auf die durchgreifendste Weise zu benützen; der Schüler soll merken, dass er es mit wenigen durchgreifenden Grundsätzen zu thun hat. — Dann ist's Zeit eine Masse von Uebungen zu beginnen; z. B. heute erklärt man die erste Declination und der Schüler lernt *Μοῦσα*, zugleich bekommt er ein paar Adjectiva; morgen muss er schon ein kleines Exercitium machen. Denn auch hier ist nothwendig, dass das Gelernte sogleich verarbeitet werde.

Für die ganze Formenlehre aber gilt: Wenn

das Accentuationssystem nicht ein Unsinn sein soll, so muss man die Betonung zugleich mit der Wortform lernen lassen; daher sind alle Formen nach ihrem Accent auszusprechen. Hätten die Griechen sonst gerade die und die bestimmte Betonung gefordert? — Gleich mit der Formenlehre müssen, ohne dass man viel Wesens davon macht, auch eine Menge syntaktischer Eigenthümlichkeiten gelernt werden: Artikel, Pronomina, Wortstellung u. dgl.

In dem eigentlich syntaktischen Unterricht lehre man so kurz als möglich, was man leichter kann, wenn gelegentlich schon früher Mancherlei angebracht wurde. Es ist eine Thorheit, etwa mit Uebungsbeispielen über den Artikel sich Wochen lang herumzuplagen oder die Tempuslehre lang und breit zu tractiren; wenn nur die lateinische Tempuslehre richtig gelehrt ist, so kann man bei diesem und andern Capiteln das Systematisieren recht wol für später versparen, wo der Schüler des Stoffes mächtig ist. Aber alle Wochen muss ein wenn auch nur 8 bis 10 Zeilen langes Specimen gegeben, corrigirt und entsprechend durchgegangen werden. Zweck dabei ist Einübung der Formenlehre und Syntax zu unumstösslicher Sicherheit; sie haben nicht sogleich den Zweck der Stilübung. Die Handhabung des griechischen Sprachschatzes kann man von den griechischen Uebungen abziehen, dadurch ist dann auch die Correctur erleichtert. Wenn man von sechs griechischen Stunden eine auf diese Uebersetzungen verwendet und diese ordentlich benützt, so gewinnt man eine Ersparniss in den fünf anderen. Wenn man nun auf die Handhabung des

Sprachschatzes verzichtet, so muss man syntaktisch lehrreiche Themen geben, nicht die nächsten besten, nicht aus Tacitus oder *Cato major*, sondern etwa aus oder nach Xenophon. Man übe die verwickelten Modusverhältnisse, die von den deutschen abweichenden Participien, Negationen, Correlation, Attraction (gelegentlich Dinge wie ἀνθ' ὧν, ἐφ' ᾧτε u. s. f.). Für die Moduslehre genügt zunächst die einfachste Darstellung. Der Modus zeigt das Verhältniss der Handlung zur Wirklichkeit und Nichtwirklichkeit an. Der Modus der Wirklichkeit ist der Indicativ. Für die Nichtwirklichkeit, zum Ausdruck der blosen Vorstellung, hat der Lateiner nur einen Modus; die Griechen aber unterscheiden zwischen zweierlei Nichtwirklichkeit: das Vergangene und das Zukünftige, das nicht mehr und das noch nicht Wirkliche; daraus ergeben sich der Optativ der mit der Vergangenheit, und der Conjunctiv der mit der Zukunft (auch der Form nach) verwandt ist. Aber der Lehrer muss unbedingt so viel verstehen, um einen gegebenen Stoff selbst griechisch verarbeiten zu können. — Der schwerste Theil der griechischen Syntax ist die Lehre von den Präpositionen, die Hand in Hand mit der Casuslehre gehen muss; letztere ist leicht auf die drei *termini* zurückzuführen da der Genitiv die Functionen des lateinischen Genitiv und Ablativ in sich vereinigt. Aber schwerer ist der Gebrauch der Präpositionen; auf diese ist daher beim Studium die stricteste Aufmerksamkeit zu richten; man lege sich Sammlungen für die Präpositionen an und man wird finden, wie mancherlei Verwendung die einzelnen Präpositionen haben (ἐπί).

Damit ist nicht gesagt, dass etwa die Partikellehre Lieblingsthema des Lehrers werden darf. Man gebe die Bedeutung der Partikeln einfach an (καί-μέν, μὲν οὖν wie et — quidem führt das erste Glied eines Gegensatzes ein), zeige auch durch die deutsche Wortstellung deren Verwendung u. s. f., vor allem freilich muss man sich über die 10 bis 12 wichtigsten Partikeln selbst eine klare und bestimmte Ansicht verschaffen. Man mache nur ja von der Partikel ἄν und dergleichen Dingen nicht viel Wesens. Wenn der Schüler weiss, dass ἄν Zeichen der Bedingtheit ist, so genügt dies, wenn er sie nur anwenden kann. (Uebrigens ist ἄν = „etwa" der als Adverbium verwendete Stamm von ἀμὸν etwas, welches Pronomen noch in ἀμόθεν, ἀμῇ, ἀμῶς u. dgl. erhalten ist.) In die Periodologie ist der Schüler schon eingeweiht aus dem Lateinischen. Hier kommt nur noch die Attraction hinzu; der Schüler muss also aufgeklärt werden über Beispiele wie: δῆλος εἰ τοῦτο ποιήσας. πιστεύω τοῦτο τῷ οἵῳ σοὶ ἀνδρί. οἷς ἔχω φίλοις χρῶμαι. Die Interpunction bei der Attraction ist ein Unsinn.

In Bezug auf den Sprachschatz ist schon bemerkt, dass dessen Handhabung wegfallen kann; aber Eines ist natürlich unerlässlich: Wörter müssen vom ersten Anfang an gelernt werden; dazu braucht man keine Verhör - oder etymologischen Stunden; man halte die Schüler an, aus der Präparation ihre Wörter zu lernen!

29. Griechischer Unterricht. II. Die Schriftsteller.

Mit den Historikern fängt man auch hier die Prosa an und zwar mit Xenophon. Dieser muss sobald als möglich daran; er ist ein unschätzbarer Autor für die Schule wegen seiner Sprache und der Gegenstand ist ausserordentlich anziehend, wenn man ihn nicht zum Exempelbuch für Declinationen, Conjugationen u. dgl. macht. Man lese die Anabasis, die Hellenika oder allenfalls auch die Cyropädie; aber insbesondere die Anabasis will rasch gelesen sein und überhaupt nichts ohne Karte. — Dies ist das Pensum für die erste Gymnasialklasse. — In der zweiten folgt Herodot, nicht Plutarch; das ist ein Greis gegenüber dem jugendlichen Herodot. Dieser ist der erste Historiker der Welt in Grossartigkeit der Auffassung; aber auch er muss rasch gelesen und gut und natürlich übersetzt werden. Der Lehrer mag die meisterhafte Uebersetzung von Lange zu Rathe ziehen.

Für Redner hat man nur ein Jahr: die dritte Gymnasialklasse, darum nehme man auch gleich den besten, Demosthenes. Er ist der begeisterndste Autor, wenn er ordentlich behandelt wird; nur fange man nicht mit dem Schwersten an; die Rede *de corona* gehört auf die Universität. — Den Isokrates müsste man schnell lesen; er begeistert nicht so, doch belehrt er ausserordentlich, wenn er nur nicht noch breiter getreten wird. Für einen minder guten Cursus eignet sich die treffliche und leichte Rede des Lycurgus; aber Lysias ist keine Schullectüre, weder der Sprache noch der Behandlung nach.

Für die Oberklasse kommt die Philosopsie an die Reihe im unsterblichen Plato. Apologie, Kriton und die von Held herausgegebenen kleineren Dialoge (ausser etwa Laches und Alcibiades) kann man unbedenklich nehmen; aber wenn die Klasse gut ist, greife man doch gleich nach einem grossen Dialog — freilich nicht Philebus und Symposion — zu Protagoras, Gorgias und dem schwierigen aber unendlich lohnenden Phädon, und zwar müssen diese ganz gelesen werden. Die andern verspare man für die Universität. Der Lehrer studiere die von Steinhart zu der Müller'schen Uebersetzung geschriebenen Einleitungen; diese gehören zum Besten, was über Plato geschrieben wurde. Bei Plato hat man auch den Vortheil eines reinen Textes. — Man lese nicht den Thucydides, so geistreich er ist; er hat ein trübes finsteres Wesen, keine helle Jugendlichkeit und ist auch vielfach zu schwer.

Von den Dichtern ist Homer von der ersten bis in die oberste Gymnasialklasse ununterbrochen zu lesen. Einzelne Gelehrte, wie Dissen, Thiersch, Ahrens wollten den Homer zum Ausgangspunkt alles Lernens im Griechischen machen. Thiersch versuchte es mit einigen talentvollen ausgesuchten Knaben und es gelang auf das Allerglänzendste. Ich schlage den umgekehrten Weg ein. Denn was Thiersch mit einigen guten Köpfen erreichte, kann nicht jeder Lehrer mit jedem Schüler leisten; und überdiess: kann Homer Elementarbuch des Griechischen und lautere Quelle der schönsten Poesie zugleich sein? kann der Schüler ihn als Dichter lieben lernen, wenn er die Formenlehre an ihm einüben muss? Das ist ganz unvereinbar. Gerade umgekehrt muss so viel als möglich Griechisch vorher gelernt sein, dass der herrlichste Dichter nicht geradebrecht und *taliter qualiter* exponirt werden muss, sondern gleich gelesen und genossen werden kann; man vergleiche meine Vorrede zu den Anmerkungen zur Ilias, erste Auflage. Das Schwierige bei Homer ist nicht die Syntax; diese harmoniert im Ganzen mit der attischen (darum fange man Homer im Sommer an nach Xenophon und syntaktischen Uebersetzungen); das Schwierige ist die Formenlehre. Zu dem Zweck gehe man die homerische Formenlehre nach den Hauptzügen einige Stunden zuvor recht genau durch und lese dann in der ersten Stunde sogleich 20 bis 25 Verse; wenn die Schüler früher ihre Präparationen recht genau gelernt haben, so geht das Lesen bequem und sie freuen sich daran. Aber das Epos muss auch schnell gelesen werden; darum kommt auf geschickte Vertheilung des Stoffs sehr viel an; wenn die Schüler von den Partikeln zunächst etwa ein Duzend kennen lernen, genügt es; mit etymologischen Controversen verschone man sie. — Dagegen muss man die Phantasie zu Hilfe nehmen um recht in die Homerische Anschauung einzuführen; wenn Hektor z. B. κορυθαίολος genannt wird, so ist er hier bezeichnet als πρόμαχος, im Anrennen auf den Feind. Aber der Lehrer muss eben natürlich im Ganzen mit der Homerischen Welt bekannt sein. — In der ersten Gymnasialklasse sind fünf, wohl auch sechs Bücher der Ilias oder sieben bis acht der Odysee zu lesen, in fünf wöchentlichen Vormittagsstunden, von 8 bis 9 oder 9 bis 10 Uhr; nur ja nicht an heissen Sommernachmittagen; in der zweiten Gymnasialklasse muss man bereits rasch vorwärts gehen, so dass man 12 bis 16 Gesänge liest; die Odyssee kann beinahe in zwei Jahren gelesen werden, zumal da man Homer nicht zu repetiren braucht. In den Oberklassen benutze man eben die Gelegenheit; wenn z. B. Demosthenes gelesen ist, lese man Homer; oder man gibt auch sonst Privatlectüre desselben auf und fragt dann in einzelnen Stunden dazwischen über Einzelnes aus. Aber man bringe doch um alles in der Welt nicht die Lachmann'sche Liedertheorie vor die Schulbänke; das zerstört die Illusion. Es reicht hin, wenn man mittheilt, dass Homer seine Gedichte nicht geschrieben, dass die einzelnen Fragmente von Spätern wieder zusammengesetzt und Plato seinen Homer nicht anders gelesen hat als wir. — In den beiden unteren Gymnasialklassen muss Homer Hauptschriftsteller sein; man lasse keine Uebersetzung schreiben, sorge aber für eine naive prosaische Uebersetzung.

Für die Lyrik dienen die Chorlieder der Tragiker. Man nehme in der dritten Gymnasialklasse gleich Euripides. „Ja aber Euripides ist ja ein schlechter Dichter" rufen Manche mit Schlegel. So leichtsinnig muss man ihn nicht heruntersetzen. Man denke doch an die hohe Achtung, in welcher er bei seinen Zeitgenossen und später im ganzen Alterthum stand (die athenischen Gefangenen auf Sicilien). Er hat freilich als Dichter den Fehler, dass er ein Element von sophistischer Redekunst aufgenommen hat; er ist derjenige Dichter, der sich von dem festen Wissen, vom Volksglauben, insoweit emancipirt, als er auch andern Philosophemen Raum gibt; darum scheint seine Dichtung nicht so aus dem Volksgeist herausgewachsen, sondern ist mehr Product der neuen Zeitrichtung. Andrerseits aber schreibt er das schönste Attisch und hat die hinreissendsten rührendsten Scenen gedichtet. Auch kann man den Sophokles nicht ohne Vorübung lesen; zu dieser eignet sich aber Euripides. Man lese zwei Stücke, je nach Auswahl; Bacchen, Medea, Hippolyt, Iphigenie in Tauris, Iphigenie in Aulis (wäre nur der letzte Theil nicht so verstümmelt), selbst Alcestis und Andromache. Weniger die Phönissen, obwol da einige herrliche Scenen vorkommen. — Für die Oberklasse gehört dann Sophokles, nicht Aeschylus. Jeder Abiturient muss von Sophokles etwas gelesen haben; in ihm ruht die Vollendung der Tragoedie.

Für alle Dichter, auch für die Chöre, ist metrisches Lesen erforderlich; Trimeter, dactylisches glyconeisches dochmisches Versmass lässt sich Oberklässern wohl beibringen.

Wie viele Autoren soll man neben einander lesen? Dass viele Autoren zu gleicher Zeit nicht Eindruck machen können, ist klar; man vertheile also den Stoff auf verschiedene Semester, so dass am Schluss des Jahres ein lateinischer Dichter und Prosaiker und ebenso zwei Griechen gelesen sind. — Ein Haupterforderniss aber ist, dass der Lehrer seinen Autor ganz, nicht blos stückweise kennt.

30. Neuere Sprachen. Hebräisch.

Grundsatz bei deren Erlernung ist: sie dürfen den klassischen Sprachen nie hinderlich werden. Wöchentlich höchstens zwei Stunden für jede solche Sprache sind genug, auch hier darf keine Cumulation eintreten. Wie unnatürlich wäre die Forderung, dass der *adolescentulus*, der sich beim Eintritt in die unterste Gymnasialklasse in Livius, Xenophon und vor allem in Homer einarbeiten muss, dazu auch noch Französisch und Hebräisch lerne! wie kann er das Alles fassen? Die ganze Kraft muss für die Klassiker verwendet werden. Daher ist in der ersten Gymnasialklasse weder Französisch noch Hebräisch zu treiben: in der zweiten mag ersteres, in der dritten auch Hebräisch beginnen; mehr als zwei Jahre hebräischen Unterricht braucht der Gymnasiast nicht. In der Oberklasse mag allenfalls noch ein Jahr Englisch — statt des Französischen — getrieben werden. Für die neueren Sprachen soll dem Willfährigen Gelegenheit geboten werden, einen guten Grund zu legen; darum ist auch hier ein gründlicher grammatischer Unterricht erforderlich: nur darf dieser nicht bis zum Schreiben und Sprechen gesteigert werden zum Behuf eines utilitarischen Zweckes; beides ist nur Mittel zum Ziel, nicht Zweck; es genügt, wenn der Schüler jeden Prosaiker lesen kann. Man soll aber diesen Unterricht wissenschaftlich ertheilen; nicht nach Grammatiken, die für die Marqueurs oder Commis voyageurs geschrieben sind, nicht nach den heillosen

Redensartensammlungen. Nur ein guter Unterricht in den neueren Sprachen ist zu gestatten, oder gar keiner; sonst sind diese Stunden nur *seminaria nequitiae*.

Das Hebräische, diese älteste Sprache, hat so viel Bildungselemente, dass ich wünschte jeder Philologe kenne diese Sprache wenigstens, wenn auch nur elementarisch. In zwei Jahren kann bei zwei Stunden wöchentlich recht Erkleckliches geleistet werden. Diese Sprache ist die leichteste, wenn man vor Allem ordentlich lesen lernt, die Wörter nach etymologischer Ordnung sich einprägt und Schreibeübungen (täglich) vornimmt; in den drei ersten Capiteln der Genesis ist etwa ein Drittel aller hebräischen Wortstämme enthalten, diese präge man tüchtig ein; freilich ist es noch besser, wenn man ein etymologisch geordnetes Vocabular hat. Die Schreibübungen haben blos den Zweck, die Formenlehre zu befestigen und die einfachsten syntaktischen Verhältnisse einzuprägen; man muss also nicht den schwäbischen Merkur mit seinen Schülern in das Hebräische übersetzen, oder auch nur alle Accente von ihnen verlangen. Aber auch hier gilt der Satz: lieber keinen als einen schlechten Unterricht!

31. II. Unterricht in der Geschichte.

Vorbedingungen für den Lehrer der Geschichte sind: erstens, dass er die Geschichte in ihrem inneren Zusammenhang kenne, nicht nur das Pensum seiner Klasse. Dies muss er schon als gebildeter Mann und insbesondere auch, um richtig auswählen zu können. Denn sonst fehlt er entweder *in excessu*, indem er verkennt, was wirklich lehrbar und bildend in der Geschichte ist, so dass er etwa die vorrömische Geschichte Italiens oder chinesische, japanische Geschichte, oder die kleinen maurischen Reiche aus dem Chalifat, oder die Byzantiner behandelt; ja sogar mit der biblischen Geschichte kann man Excess treiben: diese gehört in die Religionsstunde und hat in der Geschichtsstunde nur so viel Berücksichtigung zu finden, als sie welthistorisch ist. Häufiger jedoch sind Fehler *in defectu*; z. B. die Geschichte der athenischen Marine, der Diadochenkämpfe ist wichtig. Es kommt hier nicht auf das Detail an: aber die welthistorische Bedeutung ist hervorzuheben; die kleinen Reiche in Folge der Diadochenkämpfe bilden den Hauptschlüssel für das Verständniss der römischen Geschichte; sie bilden für Rom die Brücke zur Weltherrschaft; die römische Geschichte vom Jahre 200 an kann gar nicht begriffen werden, ohne einen Ueberblick über die Geschichte des macedonischen, pergamenischen, syrischen und ägyptischen Reiches. Bedeutend ist Mithridates; in ihm hat sich der asiatische Orientalismus noch einmal aufgerafft gegen Rom: es misslingt; die Partherkriege sind der letzte gelungene Versuch sich Roms Herrschaft zu entschlagen. Dies nur als Beispiele. —

Der Lehrer muss aber zweitens die Geschichte so viel als möglich aus den Quellen kennen. Hier ist nun freilich ein Unterschied. Die alte Geschichte muss er jedenfalls quellenmässig studiren; wenn er partienweise so studirt und excerpirt, kann er in

12 Jahren recht gut fertig sein — und wie viel gewinnt dann sein Unterricht an Leben! z. B. für den zweiten punischen Krieg muss er Livius, Polybius, Silius Italicus gelesen haben; dann sich an den Ausspruch von König Friedrich II. erinnern: jede kriegführende Macht muss so bald als möglich von der Defensive in die Offensive übergehen oder energisch darin verbleiben. Hiezu lassen sich gerade aus diesem Krieg Belege geben. Hannibal in Italien; dann Q. Fabius Cunctator; dagegen M. Terentius Varro; Marcellus; Hannibal in der Defensive; Scipio. — In der neueren Geschichte ist Quellenkenntniss nun freilich nicht möglich; ja wer durch Allotria sich leicht verführen lässt, dem widerrathe ich es sogar. Aber hier haben wir ja auch ausführliche Handbücher (Stenzel, Ranke, Raumer u. ff.), die uns das Quellenstudium für diesen Zweck ersetzen.

Die Vertheilung des Stoffes ist schwierig. Ich würde in der ersten Lateinklasse mit biblischer Geschichte beginnen; diese kann man detailliert geben, der Knabe hat die Quelle selbst und hier ist der Finger Gottes am sichtbarsten; die Personen als Träger der Ereignisse treten am mächtigsten in den Vordergrund. Dann liesse ich eine Uebersicht der alten und der deutschen Geschichte folgen; die Behandlung wäre biographisch und anecdotenmässig; aber in einen Rahmen gebracht, um den Faden nicht zu verlieren. Diesen gibt ein sehr kurzes Lehrbuch, das auswendig gelernt würde, wie es geht und steht. Es ist erspriesslich in der Jugend ein kleines Lehrbuch recht tüchtig studirt zu haben. Zur Unterstützung dieses beschreibenden Unterrichts sind sehr zu empfehlen die Roth'schen Lehrbücher für griechische und römische Geschichte. Dies ist ein Meisterwerk; ein Mann hat es für Knaben geschrieben; die Gelehrsamkeit darin merkt der Kundige, der Unkundige geniesst sie. Auch Cornel und Cäsar kann man selbst als Quelle benützen lassen.

Für das Gymnasium ist dreijähriger Unterricht in der neueren Geschichte zu viel. Denn von der Reformationszeit an ist diese zu sehr Geschichte der Politik und Cabinete, als dass man in der Schule auf ihr Inneres eingehen könnte; die Moventia sind meist mit den Intriguen der Höfe u. s. w. verbunden. Mein Vorschlag ist daher folgender. Die älteste (assyrische, babylonische, ägyptische) Geschichte wird möglichst kurz — in vier bis fünf Stunden — abgemacht; dann folgt etwa in $1^1/_2$ Jahren die griechische und römische Geschichte bis Odoaker. Dann zwei Jahre mittlere und neuere Geschichte mit Hervorhebung des wirklich Grossen und Nationalen. Zum Beispiel den siebenjährigen Krieg wird man weit ausführlicher behandeln müssen, als etwa den bairischen oder österreichischen Erbfolgekrieg; denn er bildet einen Wendepunkt im nationalen Leben Deutschlands. Von der Geschichte ausserdeutscher Staaten ist nur das menschlich Grosse zu betrachten: nur darf man den Faden nicht reissen lassen. Indessen werden die Schüler durch die Lectüre der Alten gefördert sein und man wird mit Erfolg das letzte Semester auf Repetition der alten Geschichte, namentlich der Verfassungsgeschichte, verwenden können, so dass sie das ganze Alterthum in seiner Grösse nochmals vor der Seele haben. Es kommt überhaupt nicht darauf an, dass der Schüler eine Masse Details, besonders bei der mittleren und neuen Geschichte, in den Kopf bekommt; indess kenne ich kein Lehrbuch, das ganz diesen Grundsätzen entspräche; das beste, gedachteste ist das von Hofmann.

Was die Vertheilung nach dem Inhalt anlangt so lehrte man sonst nur Kriegsgeschichte; erst Niebuhr's Studien brachten die Frucht, dass man auch auf Verfassungsgeschichte drang; früher verwendete man für die römische Verfassung das Buch des Engländers Adam! Die Aufgabe ist hier, Einseitigkeit zu vermeiden, ohne dem Dilettantismus zu verfallen. Cultur-, Religions- und Sittengeschichte ergibt sich für das Alterthum aus der Lectüre der Klassiker; von der Verfassungsgeschichte gibt man das Begreiflichste und Einfachste in der Geschichtsstunde; aber für Erfassung der politischen Hauptmomente sind Schüler der untersten Gymnasialklasse zu jung; darum fordere ich eine Repetition der alten Geschichte in der Oberklasse; unten muss man sich mit Beispielen helfen, so viel man kann. — Die Kriegs- und Verfassungsgeschichte muss in ihren Hauptmomenten vorgetragen werden; ein Bild von der Sache muss der Schüler bekommen, die Zustände, müssen anschaulich vor seiner Seele stehn.

Dazu trägt aber die Behandlung der Sache in den Lehrstunden vielleicht Alles bei. Auf diese ist daher in formeller und materieller Beziehung grosse Sorgfalt zu verwenden. In ersterer Hinsicht sind vier falsche Methoden zu meiden. Es ist verfehlt ein weitläufiges Dictat zu geben; denn das ist eine

Schreibstunde und kein Geschichtsunterricht; da kommt es erst auf den guten Willen des Schülers an, ob er das Geschriebene auch studiert; es ist als wenn er ein gedrucktes Buch studieren sollte; ebenso wenn man das Lehrbuch vorlesen lässt und *notulas adspergit;* noch ärger ist es wenn man das Lehrbuch *verbo tenus* auswendig lernen lässt; denn dadurch erniedrigt sich der Lehrer zur Abhörmaschine und der Zweck des Unterrichts, dass er bildend sei, wird dabei ebenso verfehlt, wie bei der vierten Art falscher Behandlung, dass man das Lehrbuch abfragt und geistlos am Buchstaben sich anklammert. — Die rechte Methode ist folgende. Eine Basis muss natürlich auch dieser Unterricht haben; das Lernen von Factis ist nothwendig: darum werde das Lehrbuch in ganz mässigen Pensis einstudirt; es liefere dem Lehrer Stoff zur Anknüpfung. Das Lehrbuch ist ja keine poetisch anschauliche Darstellung der Geschichte selbst; der Lehrer muss die todten Facta beleben; er muss die trockenen Angaben des Lehrbuchs durch seine eigene lebendige aus den Quellen geschöpfte Erkenntniss der Geschichte aufquellen lassen vor den Augen der Schüler; er muss historisch-examinatorisch verfahren d. h. die Entwicklung und Ausführung der Facta im Lehrbuch muss er geschickt verflechten mit den zu stellenden Fragen; er darf nicht in Einem fort vortragen und nicht fortwährend blos fragen. Er knüpft zunächst an einen Punkt des Lehrbuchs an und führt ihn aus: dann lässt er einen zweiten Punkt beantworten u. s. f. So wird aus Erzählen und Fragen der Unterricht sich zu einem Ganzen gestalten; die Schüler, das Lehrbuch und der Lehrer arbeiten zusammen. Freilich muss der Lehrer sein Lehrbuch vollkommen im Kopf haben und aus den Quellen die Sache noch genauer kennen. — Vorausgesetzt wird, dass die Schüler nachschreiben; dies ist zugleich eine gute Vorübung für die Vorträge an der Universität. Doch muss der Lehrer hier ebenso mit Takt verfahren, wie bei der Lectüre der Klassiker. Kommt man z. B. an die Thermopylenschlacht, so darf kein Schüler eine Feder anrühren; man erzählt nach Herodot; es ist ein Glanzpunkt und gewissermassen ein Fest; das darf auch nicht durch Schelten und Strafen gestört werden. Der Lehrer lehre aber durchaus ohne Buch; dann wird er sich mit Lebhaftigkeit bewegen; das Buch muss er noch besser auswendig können als die Schüler. Dann merkt der Schüler auch, dass der Lehrer seine Sache versteht und wird mit Begeisterung zuhören und lernen. Festigkeit bekommt dieser Unterricht durch Repetition, durch gelegentliche, was bei der alten Geschichte so leicht an die Lectüre der Klassiker angeknüpft werden kann, wenn man nur Facta, Namen, Anspielungen nicht übersieht. Dazwischen ist aber, besonders bei der neueren Geschichte, eine systematische Repetition nothwendig.

Für die materielle Seite der Behandlung der Sache für den Ton und Geist in dem man lehrt, ist erstes Gesetz: man lehre vor Allem ohne Tendenz. Die Geschichte soll auftreten als Werk Gottes an der Menschheit, wie es sich in der Zeit bezeugt; die Thatsachen müssen so hingestellt werden, dass sie selbst sprechen. *Sine ira et studio* theile man schlicht und einfach das Geschehene mit, ohne Moralisieren und Politisieren; man lehre, aber man bearbeite die Schüler nicht: insbesondere ist alle Frivolität und selbst deren Schein zu meiden.

So ertheilt ist der Geschichtsunterricht für die Schüler der bildendste, für den Lehrer der lohnendste.

32. III. Unterricht in der Mathematik.

Diese Wissenschaft hat auf dem Gymnasium nur die Bedeutung, eine Zucht des Verstandes, ein formelles Bildungsmittel zu sein; utilitarisch soll sie durchaus nicht betrieben werden. Darum kommt es auch nicht auf ein grosses Quantum mathematischer Kenntnisse an; dies ist höchst schädlich. Alles liegt an der Methode der Behandlung, nicht am Gegenstand; sie muss also streng wissenschaftlich sein. Darum muss schon in den untern Klassen eine rationelle Rechnungsweise herrschen; man soll um Alles in der Welt keine todten Formeln ohne Verständniss mittheilen! Wer unten Arithmetik zu lehren hat, setze sich mit dem Professor der Mathematik in die allerengste Beziehung, damit der Unterrichtsgang ein systematisch fortschreitender sei; am besten wäre es, wenn den Rechenunterricht gleich von Anfang an ein Mathematiker von Fach gäbe. — Kommt dann die eigentliche Mathematik an die Reihe, so hüte man sich doch vor einem Zuviel sowol in der Stundenzahl als in dem Stoff, da ja technische Zwecke hier durchaus nicht in Betracht kommen; die Mathematik darf nicht den Sprachen und der Geschichte den Raum wegnehmen; Algebra, Planimetrie, und nur die Grundzüge der Trigonometrie und Stereometrie sind zu behandeln; der Bildungsstoff könnte an sich aus den niedrigeren mathematischen Disciplinen gerade so gut genommen werden als aus den höheren; nur muss der Lehrer für einen strengen Lehrgang und daneben für die Eleganz der Behandlung sorgen. In dieser Beziehung ist mein früherer und jetziger College von Staudt Meister [† 1867]. Durch eine strenge Tüchtigkeit der mathematischen Sprache z. B. durch eine bündige und bestimmte Ausdrucksweise leistet der Rechen- und Mathematiklehrer dem Sprachunterricht bedeutenden Vorschub. —

Eine wichtige praktische Frage ist noch die, was mit schlechten Köpfen anzufangen ist? Es findet bekanntlich ein Unterschied statt zwischen guten Köpfen, die nur in *mathesi* schlecht sind oder sein wollen, und schlechten Köpfen überhaupt. Bei den ersteren hat man auf den Willen zu wirken; denn wenn der Schüler für alles andere Kopf hat, warum sollte er nicht auch für mathematische Operationen Kopf haben? Dagegen in Hinsicht der zweiten Klasse muss der Mathematiklehrer wie jeder andere bei seinem Unterricht immer den Mittelschlag von Talenten im Auge behalten, dann lernen Alle. Die ganz Talentlosen, die auch durch Privatnachhilfe nicht mit fortkommen, sind in eine niedrigere Klasse zu verweisen; man lasse sie langsam gehen und sie werden sich eingewöhnen und fortkommen; oder, was freilich weniger zu empfehlen, man dispensire sie von der höheren Mathematik und lasse sie nur nebenbei rechnen. Einer grossen Versuc. ung aber, die dem Mathematiker besonders nahe liegt, ist gewissenhaft zu widerstehen: dass er sich nur mit den guten Köpfen beschäftigt, um rasch vorwärts zu kommen.

Der Segen des mathematischen Unterrichts ist sehr gross und es kann ihn jeder Lehrer mit wenigstens einigem Erfolg geben, der streng auf Methode hält und den Schüler zur Heuristik nöthigt, wenn auch nur äusserlich. — Aber eine bloss mathematische Anschauung der Dinge ist ein wahrer Unsegen; der einseitig mathematische Kopf ist der kümmerlichste Mensch auf Gottes Erdboden; er hat nur Verhältnisse und Beziehungen ohne Inhalt im Kopf.

33. IV. Unterricht in den Naturwissenschaften.

Dass naturwissenschaftliche Bildung zur allgemeinen gehört und es ein Unglück ist, gar nichts davon zu verstehen, wird gewiss Niemand leugnen. Principiell kann man daher leicht nachweisen, dass die Naturwissenschaften auf den Gymnasien gelehrt werden müssen. Damit ist aber noch sehr wenig gesagt; denn wenn wir lediglich vom Standpunkt des Schönen und Nützlichen ausgehen, so kann man ebensogut beweisen, dass die Realschulen auch Lateinisch und Griechisch in ihren Lehrplan aufnehmen müssen. Aber von der Möglichkeit und Ausführbarkeit ist die Rede; diese ist eben nicht gegeben, einfach darum, weil kein Mensch Alles zugleich lernen kann. Unsere Zeit ist mit sich selbst im Widerspruch. Man sieht in pädagogischen Werken immer den Grundsatz gepriesen: *ne multa sed multum*, und auf der andern Seite erhebt der Zeitgeist mit Ungestüm und leider mit zu gutem Erfolg vielseitige Ansprüche. An sich möchte ich freilich auch die Naturwissenschaften recht gerne im Gymnasium gelehrt sehen, aber sie gerathen in schwere Collision mit der Unfähigkeit des Menschengeistes universell zu sein, zumal in der Jugend. Oder welche Bildung soll denn um Alles in der Welt erzielt werden, wenn derselbe Schüler folgendes mit Erfolg betreiben soll: Deutsch, Altdeutsch, Literaturgeschichte; Lateinisch (Sprechen und Schreiben), Griechisch, Hebräisch, Französisch (Englisch, Italienisch), Geschichte, Geographie, Mathematik, Trigonometrie, Religion, Zeichnen, Musik, Botanik, Mineralogie, Zoologie, Physik, Chemie; dazu Turnen und Schwimmen? Diese Aufzählung ist keine Uebertreibung, sondern aus dem Jahresbericht einer Anstalt entnommen; das Alles soll ein Mensch vom zehnten bis zum achtzehnten Jahr leisten! Wenn der Sprachunterricht auch noch so schlecht gegeben wird, etwas lernt man doch dabei, der Schüler kann doch mit dem Cäsar und Xenophon fertig werden: aber der Unterricht in den Naturwissenschaften muss jedenfalls gleich vortrefflich sein, sonst hilft er „rein gar Nichts"; so äussern sich selbst Kenner der Naturwissenschaften. — Die Forderung, diese auf dem Gymnasium zu lehren, ist freilich so neu nicht; seit 1770 und insbesondre seit den letzten zwei Decennien des vorigen Jahrhunderts hat man praktisch fast in allen Gymnasien dieselben gelehrt; aber, Gott sei's geklagt, auf welche Weise! Geistloses Lernen von Nomenclaturen ohne Anschauung der Dinge und Experimente; ohne Erklärung der ihnen zu Grund liegenden Gesetze, das war die Methode. Daher hat dieser Unterricht im zweiten Decennium dieses Jahrhunderts überall fast wie von selbst aufgehört. — Die Frage ist also: Werden wir durch Hintansetzung und Verkürzung des Sprachunterrichts den jugendlichen Geist verkümmern lassen oder lassen wir die Naturwissenschaften aus dem Gymnasium weg? Es gilt hier in der That recht eigentlich zu wählen zwischen **Erkenntniss des in Geschichte und Sprache lebendig strömenden Geistes** und zwischen **der Kenntniss des in der Natur erstarrten Geistes**. (Die Materie ist der geronnene Geist, sagt Schelling irgendwo.) Darin liegt die grosse Berechtigung der Naturwissenschaften und dass sie doch zurückstehen müssen. Religiöse Gründe für ihre Betreibung mache man ja nicht geltend; das Wohlgefallen an Gottes herrlicher Schöpfung ist nicht durch die Naturwissenschaften bedingt; es kommt Alles auf die Behandlung an; und sind etwa die Gaben, welche Gott in die alten Schriftsteller gelegt hat, nicht göttliche Gaben? —

Giebt es denn aber gar kein Auskunftsmittel, um Sinn und Auge frühzeitig für die Natur zu wecken? — Der Schüler mag sich privatim Sammlungen anlegen und studieren; dies halte ich eigentlich für das Rechte; wenn Einzelne vorzugsweise nach dieser Seite incliniren, so sind sie nachsichtig zu behandeln. — Die Masse braucht man aber darum nicht mit derartigem Stoff zu überladen; man suche zu vermitteln, dass jene theilweise in einer Gewerbschule hospitiren dürfen. Ich schlage vor, in den untersten Klassen nicht in spielender, wohl aber in angenehmer Weise,

Botanik zu treiben, in den obersten aber etwa die Mathematik abzukürzen und dafür Physik zu lehren. Hauptgrundsatz fürs Gymnasium ist — und ich stütze mich hier auf eine Autorität [K. v. Raumer] — durch die Naturwissenschaften darf dem Schüler gar keine Hausarbeit erwachsen; es muss Alles in der Schule geschehen; denn die Ueberhäufung dabei, z. B. mit Hausaufgaben, stumpft ab.

Ist aber das Alles aus localen Ursachen nicht möglich, so kann doch vieles durch den **geographischen Unterricht** ersetzt werden. Man gebe auf die Naturproducte ein, lege Proben vor und lasse lieber dafür ein paar Nebenflüsse weg. Bei den Gebirgen zeige man einige mineralogische Exemplare; und selbst wenn kein Mineral gezeigt, kein afrikanisches Thier näher beschrieben ist: der geographische Unterricht (seit **Ritter** und **K. v. Raumer**) fasst ja selbst die Erdoberfläche als ein Naturproduct auf und erweckt so naturwissenschaftlichen Sinn.

Der geographische Unterricht hat aber auch noch die Grundlage für den Geschichtsunterricht zu bilden und ihn zu begleiten.

34. V. Religionsunterricht.

Der Stoff muss gesammelt sein, ehe man systematisiert: anzufangen ist genau so wie die Alten thaten. (Vgl. Plat. Protag. 325 e; **K. F. Hermann** Griech. Privatalterth. §. 35, 7.) Das Erste ist der historische Theil; biblische Geschichte muss detailliert gegeben werden; sie spricht aus, was Gott will und thut für die Menschen; daneben sind Sprüche und

Lieder unerlässlich; was man in der Jugend lernt, behält man am besten, es ist eine Mitgabe fürs ganze Leben (bei den Alten dienten dazu Mythen, Dichterstellen und Sprüche); aber man übertreibe hier nicht; etwa 100 Kernstellen der heiligen Schrift und 15 Kernlieder genügen auf dieser Stufe vollkommen. Dann folgt der Katechismusunterricht, etwa so, wie ihn ein guter Geistlicher seinen Confirmanden ertheilt; hier wird der Kern dessen dargestellt, was die biblische Geschichte implicite enthält. Damit ist die traditionelle Grundlage der Autorität gewonnen; diese hat sich weiterhin zu bewähren durch Lectüre und Exegese der heiligen Schrift, besonders des Neuen Testaments. Soll man dies im Grundtext lesen? Ich glaube nicht; es kommt nicht viel dabei heraus; man beschäftigt sich sonst am Ende mehr mit grammatischer Exegese als mit der Sache. Man lege bei der Erklärung die deutsche Uebersetzung zu Grund und ziehe das Original nur für schwere Stellen bei; dann wird der Schüler mit seiner deutschen Bibel auch recht vertraut. Wer sorgfältig lehrt, kann gar keine Rücksicht nehmen auf die destructive Afterkritik. Wenn man nun Lectüre und Exegese etwa in der ersten und zweiten Gymnasialklasse betrieben hat, kann man eine Vertiefung des Katechismus geben mit einer systematischen Uebersicht der ganzen christlichen Heilslehre (wie Thomasius sie dargestellt hat); dadurch soll die Ahnung in den Schülern erwachen, dass die christliche Lehre auch deductiv wissenschaftlich gegeben werden kann. Zum Schluss gehe man die Confessio durch. Darauf ist um so mehr Gewicht zu legen, als man sieht, dass alle Nichttheologen sich wissenschaftlich um die Religion äusserst wenig bekümmern. Aber dieser Unterricht kann Früchte tragen, die dem menschlichen Auge lange, vielleicht immer, verborgen bleiben. Ein und derselbe Religionslehrer soll wo möglich den Unterricht an der Anstalt geben; jedenfalls ein Theolog, aber nur ein klassisch gebildeter. — Noch ein paar Monita: der Klasslehrer kann dem Religionslehrer durch tausenderlei Mittel unter die Arme greifen; es ist sehr wichtig, dass der Schüler merkt, die Sache sei jenem nicht gleichgiltig. Wenn er aber nichts versteht und kein Interesse für die heilige Sache hat, so bewahre er wenigstens seine Lippen vor frivoler Rede; denn sonst „wäre ihm nützer, dass man ihm einen Mühlstein an den Hals hängete und würfe ihn ins Meer, denn dass er dieser Kleinen Einen ärgere".

35. VI. Unterricht im Schreiben, Zeichnen, Singen, Turnen.

Auch diese Fächer sind keineswegs gleichgiltig; das gemeinsame Princip ist das Klassische. —

Der Schreibunterricht soll auf Ordnung und Gesetzmässigkeit dringen; es ist keine erfreuliche Wahrnehmung, dass die sogenannten festen Handschriften mehr und mehr verschwinden. Der gute Erfolg beruht übrigens hauptsächlich auf der Wirkung, die der Wille des Lehrers auf den des Schülers hat. Auf den letzteren muss der Schreiblehrer energisch einwirken, das ist das wichtigste; dass er selbst sehr schön schreiben kann, ist so unumgänglich nöthig nicht. Aber er muss auch bald an die Kunst des Federnschneidens gewöhnen. Uebrigens sind alle Lehrer der Anstalt verpflichtet, die Schreibesorgfalt in ihr aufrecht zu erhalten. (*Instar omnium* Eines: in denjenigen Gymnasien wird am besten geschrieben, in denen am besten gearbeitet wird und umgekehrt.) Damit meine ich nicht, dass man pedantisch sein soll, aber leserlich und deutlich muss jeder Schüler schreiben. Die Pest alles Schreibens, die vermaledeiten Stahlfedern, muss man aus der Schule verbannen; wenn sie noch fünfzig Jahre cursiren, wird der Charakter der Menschheit verderbt; denn man kann durch seinen Willen nicht auf sie wirken.

Zeichnen ist auch für den Philologen als Techniker ausserordentlich viel werth; ich rathe ein Zeichnen nach antiken Mustern ohne die Spielereien des Tuschens und Malens; letzteres kann Jeder privatim sich lehren lassen. Aber ich würde darauf dringen, dass die Anfangsgründe tüchtig gelehrt würden und nicht gespielt würde mit Sächelchen und Landschäftchen. Man kann die einfachsten Vorübungen an ganzen Gegenständen machen lassen, aber die Vorübungen müssen ernstlich und anhaltend geübt werden; dabei muss Linearzeichen vorherrschen, nur die Talente allenfalls dürfen schon zu körperlichen Figuren, Köpfen u. dgl. übergehen. Wenn die Vorübungen vorüber sind, lasse man den Schüler frei sich entscheiden; von ersteren aber würde ich Niemanden dispensiren; nur dürfen sie nicht zu lange getrieben werden.

Singen soll gelehrt werden. Wir haben moderne und alte Musik; man soll in der Wahl nicht einseitig verfahren, aber was geübt wird muss klassisch sein, sei es *Palestrina*, *Lotti*, *Orlando di Lasso* oder ein frisches Volkslied — alles andere würde ich geradezu verbieten in der Schule. Der Choral muss Grundlage sein, und zwar rhythmisch gesungen. Ein leichter Choral muss ohne Fehler vierstimmig vom Blatt gesungen werden können. Dazu sind die schönsten Volks- und akademischen Lieder, dann überhaupt das Klassische, kunstgemäss mehrstimmig einzuüben; ganz auszuschliessen ist das Sentimentale und das blos Opernmässige. Doch müssen viele Vorübungen vorhergehen und der Lehrer Meister in der Methodik sein. Strenge Treffübungen, ohne Violine oder gar Clavier, mit genauer Durchübung der einzelnen Stimmen und dann wöchentlich eine allgemeine Singstunde — dies bringt Freude in das Ganze. Am liebsten wähle man zum gemeinschaftlichen Gesang die Stunde von 11 bis 12 Uhr am Sonnabend, damit die Woche heiter, edel und würdig beschlossen werde; so hatten wir es am Nürnberger Gymnasium. — Zu frühe Dispensation vom Gesang ist zu meiden. Instrumentalmusik ist ganz dem freien Willen der Schüler — ohne Beeinträchtigung der anderen Gegenstände — zu überlassen; aber man leite ihren Geschmack und dulde nicht die grosse Trommel oder gar den Halbmond; das ist geschmacklos und mit dem Klassischen unvereinbar.

Ueber das Turnen nur ein Wort. Wie wichtig die Ausbildung auch des Körpers neben der des Geistes ist, hat man in neuerer Zeit erst eingesehen, obwol uns schon die Griechen das Beispiel von musischer und gymnastischer Bildung gegeben haben. Sie müssen wir denn auch hierin nachahmen. Es ist daher Pflicht jedes Lehrers, sich des Turnens auf's Eifrigste anzunehmen, zumal es durch die nach **Spiess** benannte Methode und durch eine glückliche Vereinigung des Turnens mit dem Gesang in neuester Zeit schulmässiger und doch zugleich auf eine angenehmere Weise betrieben wird.

Anhang.

Eine Frage ist noch übrig. Soll der Unterricht im Gymnasium von **Fachlehrern** oder **Klasslehrern** ertheilt werden? Die Systeme standen sich sehr schroff gegenüber. Sonst musste bei schlecht dotirten Schulen meistens Einer Alles lehren (**Voss** in Otterndorf), auch noch in meiner Jugend. Das andre System will lauter Fachlehrer durch das ganze Gymnasium. Aber dabei giebt man scheinbarer Vortheile wegen ein Hauptprincip des Gymnasialunterrichts auf; der Schüler hat dann nur Lehrer, nicht einen Lehrer; es fehlt ihm das Väterliche, die Klasse hat keinen Mittelpunkt, der Unterricht kein Centrum. Wer ist dann für die Fortschritte der Schüler verantwortlich und lernt sie allseitig kennen? Wenn eine Einseitigkeit stattfinden muss, so ist die des Klasslehrersystems entschieden besser. Auch fällt beim Fachsystem die gegenseitige Beziehung der Lehrgegenstände weg und das ist gerade ein Hauptstück der Klugheit des Lehrens. Man sagt zwar, wer nur Latein treibt, werde ein vortrefflicher Lateiner u. s. f.; ganz möglich; nur aber kein guter Philolog; denn das ist noch etwas ganz Anderes. Wer nicht Latein, Griechisch, Deutsch und Geschichte lehren kann, dem fehlt die Bildung. Freilich Mathematik soll immer ein besonderer Lehrer ertheilen. Auch das geht an, wie wir es in Nürnberg gemacht haben: in sechs Klassen hat nach Uebereinkommen der eine Deutsch, der andre Rechnen, der dritte Geographie gelehrt; in dieser Weise lässt sich das eine System mit dem andern ohne Nachtheil verbinden. In Preussen, wo man besonders das Fachlehrersystem hatte, sind dann doch auch Klassen-Ordinarien eingeführt worden: also eine Annäherung von der andern Seite.

Schlussworte.

(1855)

Die Heiligkeit des Berufs.

Wir haben zuerst den Lehrer betrachtet, dann die in ihm wurzelnde Disciplin, endlich den dadurch ermöglichten Unterricht. — Jeder Beruf ist ein heiliger, der des Lehrers und Erziehers aber in doppeltem Maasse; und wenn der eines Gymnasiallehrers in irgend einer Zeit ein heiliger war, so ist er es in besonderem Grade jetzt. Der Materialismus und Utilitarismus greift mächtig um sich; keine Regierung, nichts in der Welt kann das Gymnasium dagegen schützen, wenn es sich nicht selbst Achtung verschafft und eine Partei gewinnt in der Jugend, die es bildet. Wenn aber die Wissenschaft als solche nur für ein gleichgiltiges oder gar verächtliches Ding gilt, so ist das Vaterland in Gefahr seine höchsten Güter zu verlieren; der höchste Ruhm Deutschlands wird in den Staub getreten, wenn man nur erst den Materialismus zu seinem Götzen macht. Also schon insofern wir Deutsche sind, haben wir die heiligste

Pflicht im Beruf des Lehramts recht treu zu sein; die Treue auch im Kleinen soll man werth und hoch halten, auch durch Pünktlichkeit und Vorbereitung. Doch daraus wird gar bald eine Treue im Grossen; denn sie stärkt moralisch unendlich. Der Lehrer muss seinem Beruf immer, nicht nur in der Lehrstunde leben; sein Beruf muss das höchste und einzige Ziel seiner Thätigkeit sein; sein Herz darf nicht getheilt sein; er darf auch an sich gute und löbliche Dinge nicht daneben treiben. Der Lehrer wirkt auf den Schüler nur geistig und das kann er nur, wenn sein Geist gespannt ist; darum nur kein getheiltes Herz oder zerstreuten Sinn!

Darum ist denn auch fortwährendes gewissenhaftes Studium Pflicht für uns: ein Haupt- und ein Nebenstudium, aber blos ein eigentlich philologisches. Dem ersteren gehört die beste Zeit und Kraft: das andre aber darf nicht liegen bleiben; also wenn man Latein studirt, lese man nebenbei einen leichten griechischen Autor! Eine gewisse Uebersicht der Literatur durch Autopsie muss jeder Philolog haben.

Sehr gut ist es, wenn man seine Kenntnisse auf irgend einen Punkt so concentrirt, dass man darüber schriftlich etwas in die Welt schicken kann. Programme sind ja dazu da. Man nehme z. B. irgend ein Capitel der Stilistik, etwa die Tropenlehre, gehe den Sallust darauf hin durch, um zu sehen, ob die Tropen im Verbum sitzen. Mützell hat eine ähnliche Abhandlung über Curtius geschrieben. So fasse man einzelne Spracherscheinungen in's Auge. Man veranstalte eine übersichtliche

Lectüre der griechischen und lateinischen Literatur; dort bis auf die Alexandriner (den Polybius, Plutarch, Lucian, Homer, Hesiod, Pindar, Aeschylus, Sophokles, Euripides, Herodot, Thucydides, Xenophon, Demosthenes, Plato muss ja jeder Philolog gelesen haben); aber nur keine Vielleserei und keine Allotria! Zum Studium gehört auch ein schriftstellerischer Versuch, den man nicht lange aufschiebe; ein guter, wenn auch kleiner Aufsatz in ein Journal genügt für das erste Mal; eigentlicher Schriftsteller braucht ja der Schulmann nicht zu werden. — Einwendungen wegen Mangel an Zeit oder Geld lasse ich nicht gelten; der Lehrer ist zur Oekonomie in beiden Dingen angewiesen und verpflichtet; ohne Studium tritt eine jammervolle Verkümmerung ein.

Wer dagegen sich immer neu zu seinem Beruf befähigt, der wird auch den Segen desselben empfinden. Gehen wir ja immer mit den Fürsten der Geister um, ist uns doch die Pflege des Edelsten, des jugendlichen Geistes, anvertraut! Und während wir so in der Stille und Zurückgezogenheit unsres Berufs und eben dadurch patriotisch und nachhaltigst wirken, geniessen wir das Glück unverworren zu bleiben mit den Händeln dieser Welt, wie Jacobs sehr richtig bemerkt; denn die Freude am Unterrichte selbst — wer will diese dem Lehrer rauben? und dazu die Freude über das wirkliche Gedeihen der Jugend, durch welche manches *taedium* des Anfangsunterrichts überwunden wird. Dazu bleiben uns, wofern wir unsre Schuldigkeit zu thun bemüht waren, die Herzen der Schüler immerdar in Dankbarkeit zugethan und an Gedeihen und

Segen von oben wird es gewisslich auch nicht fehlen.

Diesen wünsche ich Ihnen m. H. von ganzem Herzen zur würdigen Führung Ihres künftigen herrlichen Berufes.

Namensverzeichniss.

Adam 152.
Ahrens 143.
Basedow 2.
Beethoven 95.
Billroth 100.
Bomhard 90.
Braun 3.
Brougham 123.
Brückner 128.
Buttmann 137.
Creuzer 111.
Curtius, Georg 137.
Deinhardt 85.
Dissen 143.
Döderlein 89; 98; 129.
Drumann 127.
Ellendt 130.
Fox 65.
Gabler 17.
Genlis 65.
Gervinus 93; 94.
Gesner 41.
Göthe 26; 80; 112.
Grimm 82.
Gröbel 102.

Halm 126.
Hamilton 95 sq.
Heiland 7.
Held 79; 143.
Hermann, G. 103; 111.
Hermann, K. F. 65; 128; 160.
Herold 98.
Herzog 36.
Hinrichs 91.
Hofmann 152.
Jacobi 36.
Jacobs 113; 169.
Jacotot 95 sq.
Jahn 130.
Jean Paul 62.
Kühner 100; 130.
Lachmann 145.
Lange 142.
Lobeck 111.
Madvig 130.
Mehlhorn 79.
Meierotto 74.
Melanchthon 2.
Muret 111.
Mützell 168.

Niebuhr 152.
Pestalozzi 80.
Puchta, sen. 136.
Raff 3.
Ranke 150.
Raumer, K. von, 1; 81; 82; 97; 150; 160.
Ritter 160.
Roth 70; 71; 151.
Ruhnken 111.
Rumford 4.
Ruthardt 95.
Schäfer 88.
Schelling 159.
Schiller 26; 91; 92.
Schlegel 145.

Schleiermacher 39.
Schmid 85.
Seyffert 89.
Spiess 165.
Staudt, von 156.
Steinhart 143.
Stenzel 150.
Thaulow 1.
Thiersch 143.
Thomasius 70; 161.
Trotzendorf 1.
Voss, Hans 97.
Voss 165.
Wackernagel 82.
Wolf 75; 126.
Zumpt 111; 130.

www.ingramcontent.com/pod-product-compliance
Lightning Source LLC
Chambersburg PA
CBHW030820190426
43197CB00036B/663